work

worklove

Von der Liebe zur Arbeit und der Arbeit an der Liebe

Joni Majer
Birte Spreuer

verlag
hermann
schmidt

Liebe Birte, liebe Joni,

ich bewundere euren Mut, Fragen zu stellen. Gewohntes und Gelerntes, Normen und Regeln infrage zu stellen. Ihr seid Mitte dreißig und nehmt euch die Freiheit und das Recht, euer Leben in die Hand zu nehmen. Das klingt erst mal selbstverständlich.

Aber jede*r, der oder die sich schon mal in Klausur begeben hat, um sich unbarmherzig zu fragen, ob das, was da gerade im Leben geschieht, das ist, was sie oder er sich vom Leben versprach, weiß: Es tut weh, da weiter zu bohren, wo man gerne Fünfe gerade sein lässt. Wo man gesellschaftliche Normen zum Versteckspiel vor sich selbst nutzt. Wo man Schuldzuweisungen kultiviert oder achselzuckend resigniert.

Ich bewundere eure Entschiedenheit. Ihr habt euch Freiraum erobert. Konsequent an *worklove* gearbeitet. Seid nicht zurückgerutscht auf die Straßenbahnschienen des »das macht man so« und des »so ist das eben«.

Ihr habt mit Worten und Farben tiefer und tiefer gebohrt nach dem, was man Kern nennen kann oder Sinn, Lebensfreude oder Glück. Jedes einzelne dieser Worte ist zu vage für das Phänomen, dem ihr auf den Grund geht.

Wir alle sind auf der Suche nach dem guten Leben. Wenige suchen konsequent zu zweit. Vielleicht scheitern deshalb so viele Beziehungen. Ihr sucht miteinander. Schonungslos offen. Ihr tut das nun schon über vier Jahre. Und nun lasst ihr teilhaben: indem ihr eure Fragen und Illustrationen teilt. Eure Leser*innen einladet auf eine Reise zu sich selbst.

Eine solche Reise ist – wie jede ernsthafte Reise – anstrengend. Am Wegesrand lauern Selbsterkenntnis und Desillusionierung. Vermutlich auch Trauer und Schmerz. Aber auch Heiterkeit und Liebe. Der Weg führt – und das scheint mir das Wertvollste, was wir erleben können – zu einem erfüllten, selbstbestimmten Leben in Eigenverantwortung und Selbst-Akzeptanz.

Manche pilgern. Andere buchen Therapeut*innen und Coaches. Ihr stellt gute Fragen, ihr setzt eure Kreativität und euer künstlerisches Talent ein: als Spürhunde für das Wahre, Echte und Richtige. Euer Buch lektorierend in der Entstehung begleiten zu dürfen hat auch in mir einiges verändert. Dafür danke ich euch.

Ich wünsche euch (und ja, auch mir), dass die Menschen, die *worklove* kaufen oder geschenkt bekommen, tief eintauchen, sich einlassen. Und gestärkt, ermutigt, im besten Fall selbst-bewusster am Ziel der Reise in Fragebuchform anzukommen – bei sich selbst.

Herzlich Karin
Mainz im Herbst 2021

Frei

heit

Unabhängigkeit

Wie frei bist du?

Wie klein machst du dich, um dich frei zu fühlen?

1
Bist du unkompliziert?

2
Ist es für dich erstrebenswert, unkompliziert zu sein?

3
Gestaltest du dein Leben nach deinen Bedürfnissen?

4
Wessen Bedürfnisse sind auch deine Bedürfnisse?

5
Woran erkennst du,
ob du deine eigenen Bedürfnisse erfüllst oder die der anderen?

6
Suchst du nach einer Berechtigung,
deine Bedürfnisse ernst zu nehmen?

7
Wie sehr schmerzt es dich, anzuecken?

8
Krümmst du dich,
um Hindernissen aus dem Weg zu gehen?

9
Meidest du Personen und Orte, an denen du anecken könntest?

10
Was würde nicht mehr funktionieren, wenn du mehr Raum einnehmen würdest?

11
Wie überzeugst du Menschen, dir mehr Raum zuzugestehen?

12
Wer hat etwas davon,
wenn du dich befreist?

Freiheit ist, wenn du deine Räume selbst beschränkst.

Willst du alles richtig machen?

13
Befolgst du gerne Regeln?

14
Kannst du deine Regeln formulieren?

15
Was würdest du als Regel bezeichnen?
Vegetarier*in sein?
Nine-to-Five arbeiten?

16
Welche Regeln magst du?

17
Welche Regeln engen dich ein?

18
Passt du deine Regeln regelmäßig an deine Bedürfnisse an?

19
Welche Regeln befolgst du aus Gewohnheit?

20
Welche Regeln gelten schon seit deiner Kindheit?

21
Welche Regel hast du zuletzt für dich aufgestellt?

22
Welche Regeln haben andere für dich aufgestellt?

23
Schränken deine Regeln andere ein?

24
Wie starr sind deine Regeln?

25
Was passiert, wenn du abweichst?

26
Wie bestrafst Du dich?

27
Wie viel Selbstliebe steckt in deinen Regeln?

28
Beinhaltet dein Regelwerk ausreichend Humor?

Regeln sind Umarmungen, aus denen du dich lösen darfst.

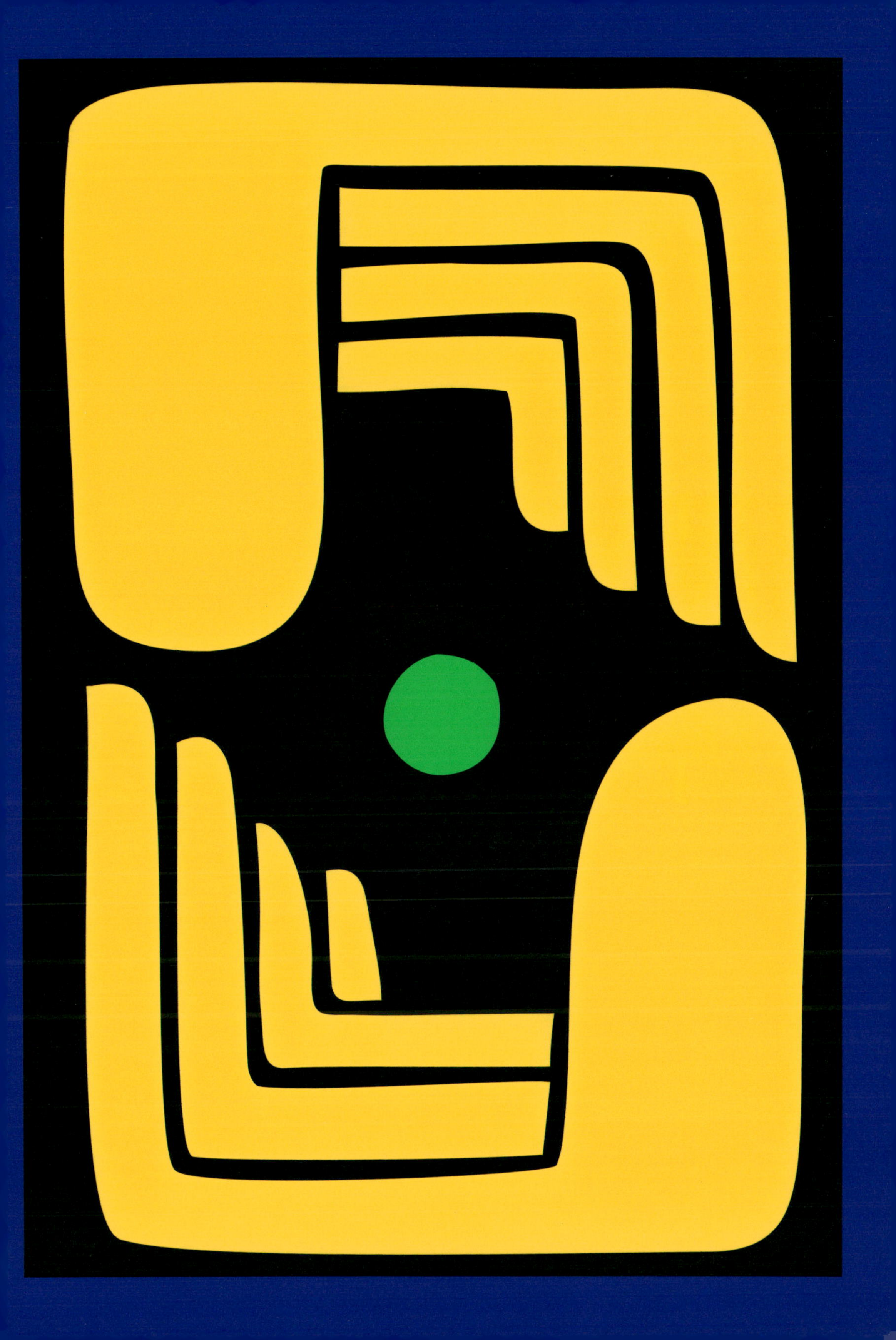

Erträgst du das Knirschen?

29
Kannst du dich trotz »bad vibes« gut fühlen?

30
Wenn es im Leben knirscht, hältst du dagegen oder ziehst du zurück?

31
Welches Knirschen schmerzt am meisten?
Familiäres Knirschen?
Berufliches Knirschen?
Liebesknirschen?

32
Wo knirscht es gerade?

33
Liegt das an dir oder an deiner Umwelt?

34
Suchst du den Ursprung des Knirschens oder gehört gelegentliches Knirschen dazu?

35
Hältst du Reibereien schweigend aus?

36
Wenn es knirscht – versuchst du zu schmieren?
Mit Freundlichkeit?
Mit Alkohol?
Durch Schwelgen in der Vergangenheit?

37
Mit wem knirscht es immer wieder?

38
Wird sich daran etwas ändern?

39
Sollte sich deiner Meinung nach daran etwas ändern?

40
Brauchst du das Knirschen, um dich zu definieren?

41
Wie viel Knirschen verlangt ein authentisches Leben?

Mit mir ist nicht gut Knirschen essen.

Und wenn's nicht läuft?

42
Was baust du mit den Steinen, die dir in den Weg gelegt werden?

43
Wie begegnest du Widrigkeiten?
Empört?
Entmutigt?
Trotzig?
Achselzuckend?

44
Bist du beleidigt, wenn etwas nicht funktioniert?

45
Aktivieren oder lähmen dich Widrigkeiten?

46
Wie schnell erholst du dich von einem Rückschlag?

47
Wie löst du dich von deinen ursprünglichen Vorstellungen?

48
Was kannst du weglachen?

49
Schreist du in die Welt, dass sie dich mal kann?

50
Gönnst du dir ab und an eine Auszeit von deinen Problemen? Wie?

51
Hast du ein heiteres Gemüt?

52
Gehört das Schlechte für dich dazu?

53
Wann hat sich zuletzt ein Unglück im Nachhinein als Glück entpuppt?

54
Wie viele unerwartete Wendungen hat die Geschichte deines Lebens schon genommen?

Integrier' die Scheiße.

AMOR
FATI

Wer hat dir was zu sagen?

Bist du im Zombimodus?

55
Fühlen sich deine Tage nach Müssen an?

56
Musst du viel?

57
Müsstest du mehr?

58
Weißt du noch, was du wirklich musst?

59
Stabilisiert das Müssen dein Leben?

60
Fühlst du dich wertvoll, wenn du viel musst?

61
Wer bestimmt, was du musst?
Deine Mitmenschen?
Dein Ego?
Dein Konto?

62
Was würdest du gerne weniger müssen?

63
Von was hält dich dein Müssen ab?

64
Wo hat es dich hingeführt?

65
Hast du in einer Zeit, in der du viel musstest, auf Freiheit hingearbeitet?

66
Genießt du heute mehr Freiheit als vor drei Jahren?

67
Was musst du heute nicht mehr?

68
Musst du auch Pausen machen oder müsstest du Pausen machen?

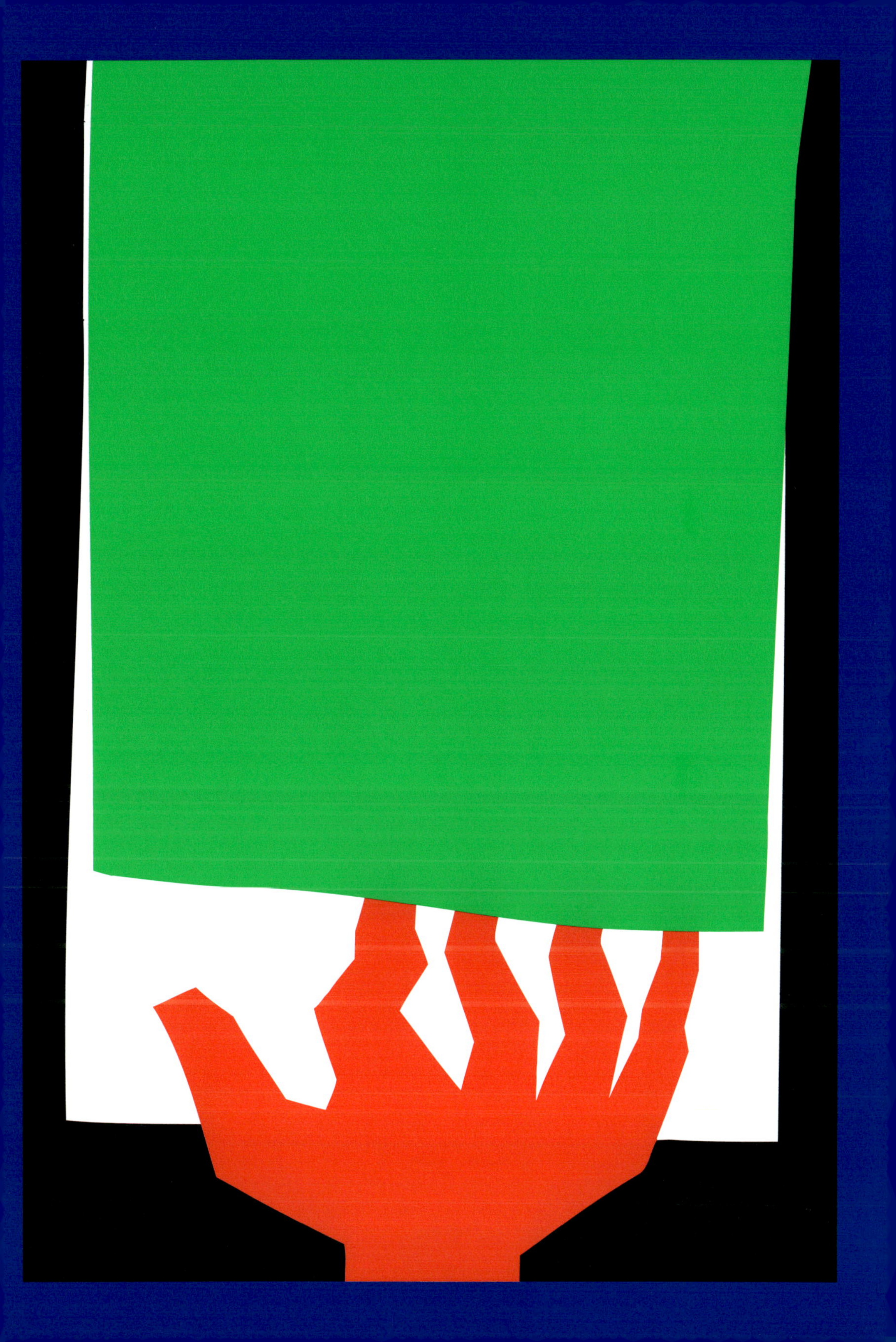

Wem willst du gefallen?

69
Willst du allen gefallen, vielen oder nur manchen?

70
Wem passt du dich besonders an?

71
Was erhoffst du dir davon?

72
Wie gefällst du dir,
wenn du dich dabei beobachtest,
wie du anderen gefallen möchtest?

73
Wie sehr prägen dich Menschen, denen du gefallen möchtest?

74
Wie verändert deren Urteil dein Selbstbild?

75
Wie lange kannst du jemandem gefallen?
Eine Stunde?
Zwei Tage?

76
Wem wolltest du früher gefallen und heute nicht mehr?

77
In wessen Gegenwart gefällst du dir richtig gut?

78
Wie gefällst du dir alleine?

79
Wer will dir gefallen?

80
Wie reagierst du,
wenn andere dir gefallen wollen?

81
Bleibst du begeistert,
wenn niemand in deine Lobpreisungen einsteigen möchte?

82
Überzeugst du oder wirst du überzeugt?

Was bleibt von dir übrig, wenn du gefallen willst?

Was klappt ohne dich nicht?

83
Trägst du viel Verantwortung?

84
Hättest du gerne mehr Verantwortung?
Warum?

85
Hättest du gerne mehr zu sagen?
Wem?

86
Giltst du als verantwortungsbewusst?

87
Für was fühlst du dich verantwortlich?

88
Fühlt sich deine Verantwortung leicht oder schwer an?

89
Wann hast du zuletzt Verantwortung für etwas oder jemanden abgegeben – und es hat trotzdem funktioniert?

90
Hat dich das erleichtert oder gekränkt?

91
Welche Verantwortung willst du wieder loswerden?

92
Übernimmt jemand Verantwortung für dich?
In welchen Bereichen?

93
Wirfst du jemandem vor, nicht genügend Verantwortung zu übernehmen?

94
Fühlst du dich für das Handeln anderer verantwortlich?

95
Wenn etwas nicht klappt – eine Bewerbung schreiben, eine Verabredung einhalten – suchst du die Schuld bei dir oder bei den anderen?

96
Wie erklärst du dich?

97
Interessiert es jemanden?

Verantwortung hat man selbst, Schuld haben die anderen.

Wovon willst du dich befreien?

98
Würdest du dich als emanzipiert bezeichnen?

99
Bist du auf dem Weg dahin?

100
Wann hast du zu kämpfen begonnen?

101
Was war der Auslöser?

102
Wie emanzipiert bist du?
In welchen Bereichen?
Woran machst du das fest?

103
Rechtfertigst du dich vor dir selbst oder vor dem System?

104
Haben sich deine Lebensumstände in den letzten drei Jahren verbessert?

105
Hast du mit Rollen gebrochen, die dir die Gesellschaft zuweist?

106
Hast du dich von fremden Erwartungen gelöst?

107
Wer hat dir einen neuen Platz gewährt?
Die Gesellschaft?
Freund*innen?
Kolleg*innen?

108
Wirst du in deiner neuen Rolle respektiert?

109
Bist du nur in deinem Kopf frei?

Sich von den vermeintlichen Erwartungen anderer frei machen.

Abhängigkeit

Von wem bist du abhängig?

Schleimst du dich ein?

110
Wie verhältst du dich,
wenn jemand wichtig ist?

111
Wie verhältst du dich,
wenn jemand nicht wichtig ist?

112
Wie beurteilst du,
ob jemand wichtig ist?

113
Wie kann man dich
beeindrucken?

114
Wie beeindruckst du andere?

115
Wie viel Arschloch verzeihst du
dem Talent?

116
Bist du dir der Verteilung
der Redeanteile im Raum
bewusst?

117
Wem lohnt es zuzuhören?

118
Wird dir zugehört?

119
Wurdest du schon einmal
geblendet?
Einen Abend lang?
Eine Woche?
Ein Leben?

120
Wie loyal bist du?

121
Wählst du deine Freund*innen
nach Anlass aus?

Nach oben lecken, nach unten treten?

Wovon hängt dein Selbstwert ab?

122
Ist es Kampf oder Freude,
du selbst zu sein?

123
Wie sieht dein ideales Selbst
aus?

124
Wie groß ist die Lücke zwischen
Ist- und Soll-Zustand?

125
Wie hart bewertest du dich?

126
Was sind deine
Bewertungskriterien?

127
Gelingt es dir manchmal,
bewusst nicht zu bewerten?
Dich selbst?
Andere?

128
Über was definierst du dich
am meisten?
Einen großen Freundeskreis?
Schönheit?
Geld?

129
Ist dir dein berufliches
oder dein soziales Leben
wichtiger?

130
Füttert das eine das andere?

131
Gibst du dir in deinen
Freundschaften mehr Mühe,
wenn es bei der Arbeit nicht
läuft?

132
Wie füllst du die Löcher
in deinem Selbstwert?
Mit Bildung?
Mit Sport?
Mit Social Media?

Dem schönsten Bild gerecht werden, das man von sich selbst gezeichnet hat.

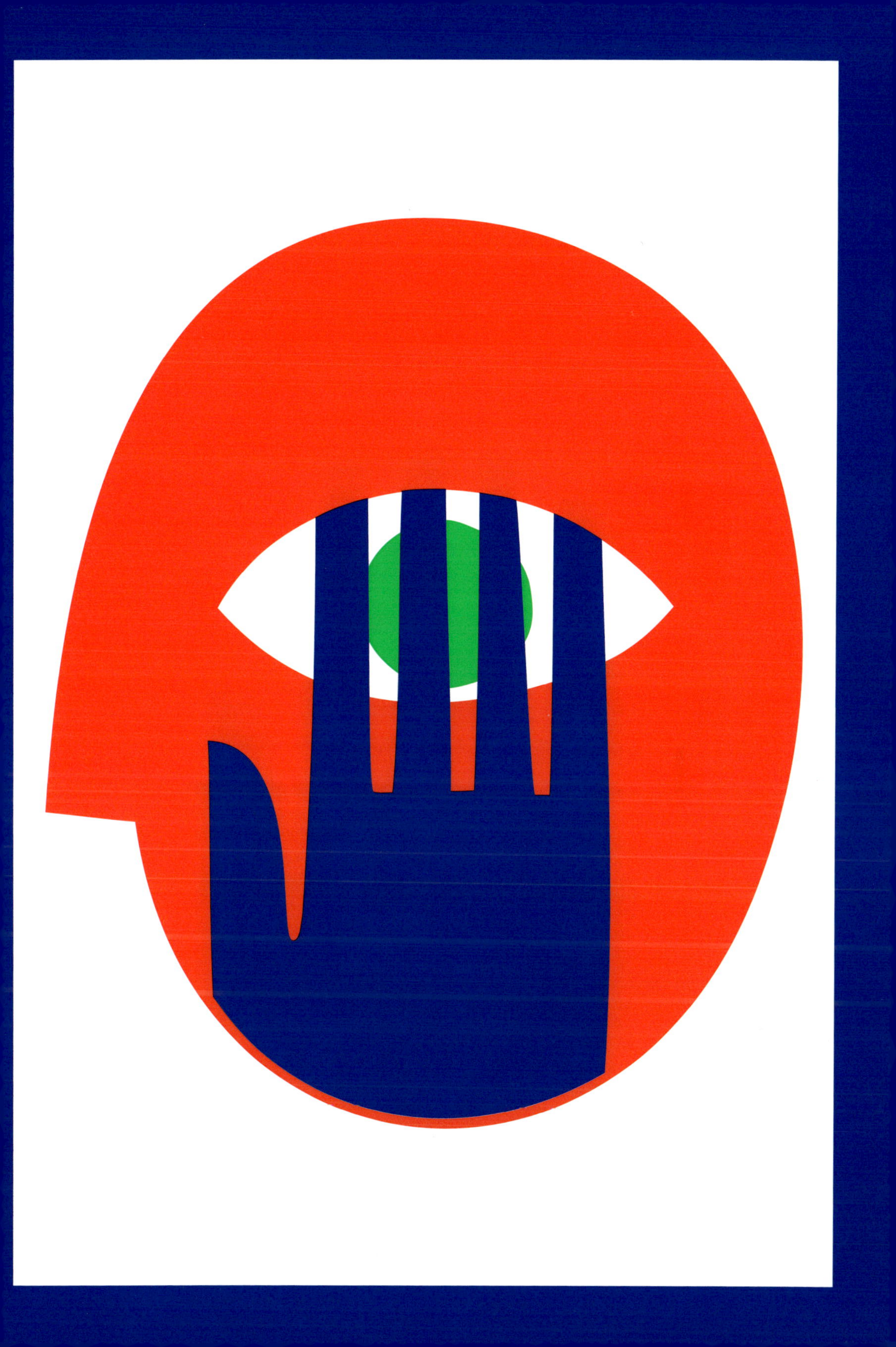

Was statust du dir an?

133
Was bedeutet Existenz für dich?
Atmen können?
Eine Arbeit haben?
Eine Partnerschaft führen?
Ein Zuhause?

134
Was sind deine Statussymbole?
Geld?
Follower*innen?
Kinder?

135
Was ist dein wertvollster Besitz?

136
Welche Habseligkeiten definieren dich als Person?

137
Was musst du leisten, um deinen Status aufrecht erhalten zu können?

138
Haben deine Freund*innen einen ähnlichen Status wie du?

139
Wenn alle Kinder, Häuser und Projekte haben, ziehst du mit?

140
Hast du einen Status in deiner Stadt?

141
Wärst du noch wer, wenn du umziehen würdest?

142
Wenn du vorne angekommen bist, kannst du dann nur verlieren oder hast du dann endlich gewonnen?

143
Für wie lange hast du gewonnen?

144
Wird deine Existenzangst größer, je mehr du besitzt?

145
Bist du bereit, Besitz gegen Freiheit zu tauschen?
Theoretisch?
Und praktisch?

Beweisstücke der eigenen Existenz sammeln.

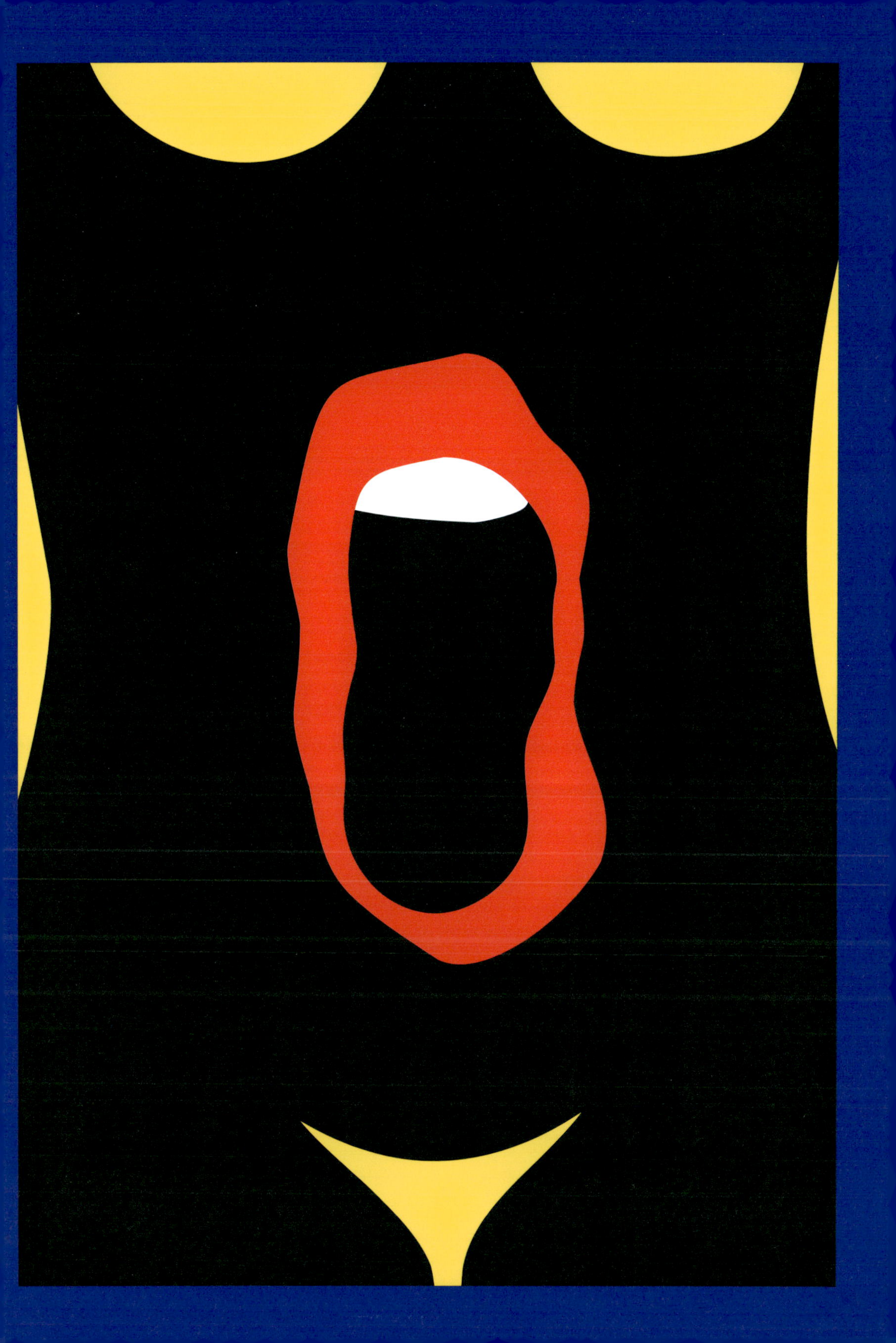

Schlummert das Potenzial in dir?

146
Wie lange darf dein Potenzial Potenzial bleiben, bevor du es verwirklicht haben musst?

147
Welche Talente hast du schon ad acta gelegt?

148
Was ist besser:
Ein Talent zu haben, das du nicht nutzt oder kein Talent zu haben?

149
In welchen Bereichen versuchst du außergewöhnlich gut zu werden?

150
Erinnerst du andere an ihr Potenzial?

151
Erinnern dich andere an dein Potenzial?

152
Wenn du an dein Potenzial erinnert wirst – ist das Balsam für deine Seele oder Salz in der Wunde?

153
Wer oder was ist schuld, wenn du dein Potenzial nicht entfalten kannst?

154
Was könntest du tun, um dein Potenzial zu entfalten?

155
Wenn du nicht weißt, wie du dein Potenzial entfalten könntest, ist es dann Potenzial?

156
Bist du ohne dein Potenzial schon genug?

157
Kannst du genug sein, ohne Grund?

Entscheidung

Ja oder Nein?

Wirst du vom Leben gelebt?

158
Seit wann verändert sich dein Leben nicht mehr von allein?

159
Seit wann musst du selbst für Veränderung sorgen? Seit du ausgezogen bist? Seit du arbeitest? Seit die Kinder aus dem Gröbsten raus sind?

160
Welche einschneidenden Entscheidungen hast du in den letzten drei Jahren getroffen?

161
Was hat sich verbessert? Was hat sich verschlechtert?

162
Schwimmst du gerne von einem Lebensabschnitt zum nächsten, ohne groß zu planen?

163
Hast du Lücken im Lebenslauf?

164
Verschleierst du die Lücken oder sind sie Beweis für ein aufregendes Leben?

165
Was würde dein Leben drastisch verbessern?

166
Was würden dir Menschen raten, die dich lieben, um deinen beruflichen Alltag drastisch zu verbessern?

167
Begegnest du der Welt als Kind oder als Erwachsene*r?

Arschtest du Grenzen?

168
Darfst du wütend sein?

169
Darfst du ein Problem sein?

170
Erhebt die Wut dein Haupt?

171
Wovor schützt dein Wutpanzer dich?

172
Welche Berechtigung gibt dir deine Wut?
Laut sein?
Besaufen?
Fremdgehen?

173
Hilft dir die Wut bei Entscheidungen, weil sie dich aus dem Abwägen zwingt?

174
Nimmt dich die Wut an die Hand, um dich aus einer schlechten Situation zu führen?

175
Bringt die Wut dich deinen Bedürfnissen näher?

176
Was macht dich besonders wütend?
Politik?
Dein*e Partner*in?
Du selbst?

177
In welche Richtung bist du wütend?
Bekommt jede*r deine Wut ab?
Nur deine Nächsten?
Bist du nur innen wütend?

178
Was macht Wut mit deinem Körper?
Wie fühlt sie sich an?

179
Was passiert, wenn sie sich entlädt?
Was passiert, wenn sie sich nicht entlädt?

180
Was will die Wut dir sagen?

Wüte dich frei.

Wer passt auf dich auf?

181
Grenzt du dich gegen andere ab oder für dich?

182
Wie oft sagst du Ja,
und damit Nein zu dir selbst?

183
Wie oft erledigst du Aufgaben mit Widerwillen?

184
Machst du Versprechungen und Zusagen trotz unguten Gefühls?

185
Hast du deine Ressourcen im Blick?

186
Wie verteilst du deine Ressourcen?

187
Beschützt du dein Wohlbefinden mit einem Nein?

188
Denkst du für andere mit?

189
Versuchst du andere zu schonen?

190
Sagen deine Lieben dir,
wenn ihnen etwas zu viel ist?

191
Fühlst du dich dann zurückgewiesen oder entspannt es dich?

192
Beim wem kannst du gut Nein sagen?

193
Wer ist verärgert,
wenn du Nein sagst?

194
Wenn du zu viel gibst:
Woher nimmst du es?

Mein Gefühl wird mich schon trügen.

Läufst du los oder bleibst du stehen?

195
Entscheidest du für die Ewigkeit?

196
Welche Entscheidung ist nicht mit einer weiteren korrigierbar?

197
Wie weit spielst du die verschiedenen Möglichkeiten durch?

198
Verbringst du mehr Zeit mit der Entscheidung, als mit der Sache selbst?

199
Entscheidest du lieber nicht, als eine falsche Entscheidung zu treffen?

200
Suchst du vor Entscheidungen den Rat von Freund*innen?

201
Befolgst du die Ratschläge?

202
Könntest du auch alleine entscheiden?

203
Wie froh bist du mit deinen Entscheidungen?

204
Grübelst du nach der Entscheidung über die Entscheidung?

205
Fallen dir kleine Entscheidungen leichter als große?

206
Prokrastinierst du bei kleinen Entscheidungen, um die großen zu vermeiden?

207
Wann hast du zuletzt das große Ganze aus den Augen verloren?

Jede Entscheidung macht Handeln möglich.

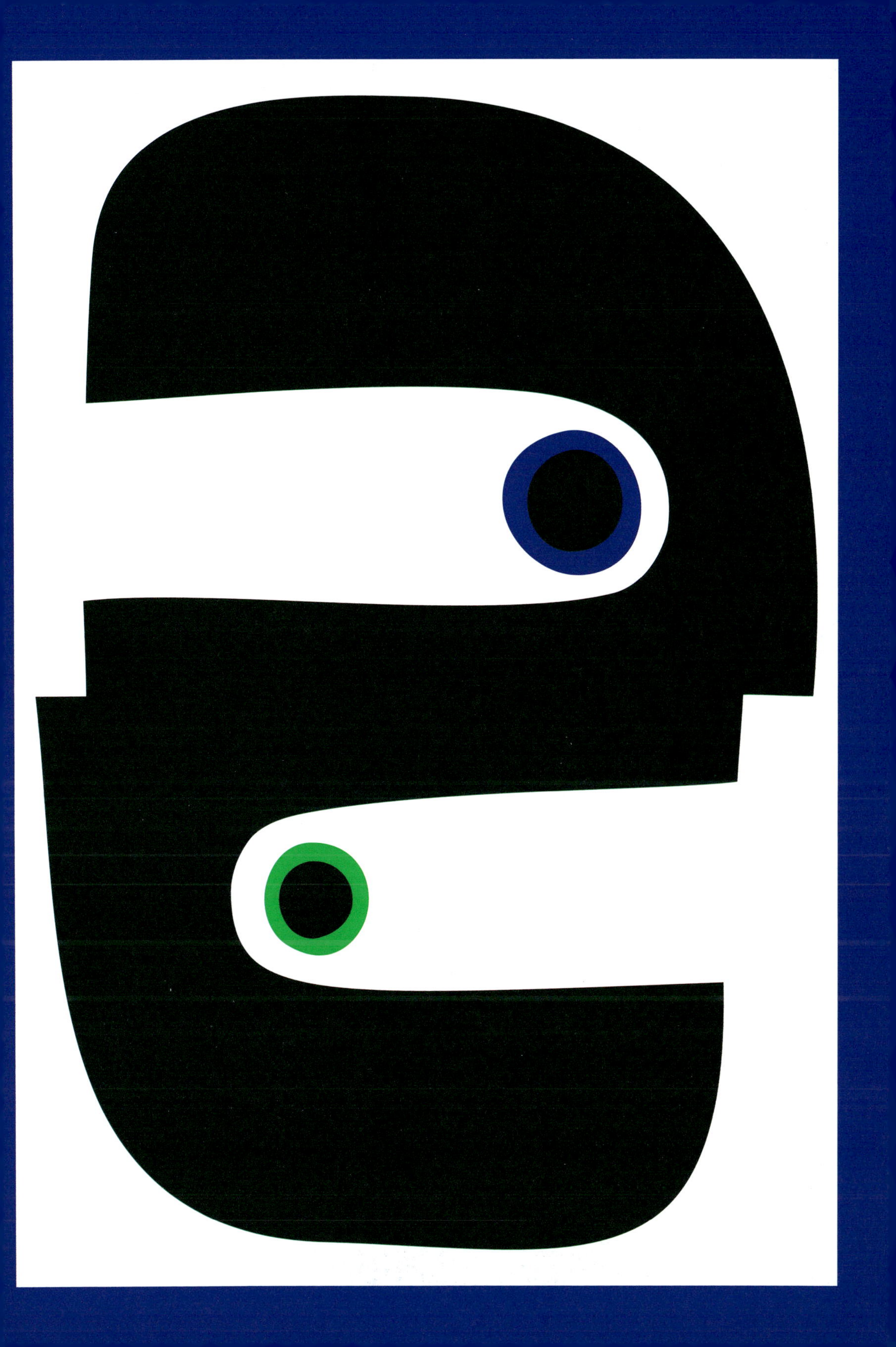

Wie viele Rollen lebst du?

Widersprichst du dir wieder nicht?

208
Wie oft darfst du deine Meinung ändern?

209
Kommen andere mit deinen Sinneswandeln mit?

210
Wie widersprüchlich bist du? Innerhalb eines Tages? Einer Woche? Eines Monats?

211
Mittelt sich deine Widersprüchlichkeit zu einer konstanten Person?

212
Hast du den Anspruch, in deinem Handeln konsistent zu sein?

213
Wer darf alle Facetten von dir sehen?

214
Wo zeigst du nur bestimmte Seiten?

215
Wem zeigst du nur bestimmte Seiten?

216
Wem ist wichtig, dass du immer gleich handelst?

217
Wie reagierst du, wenn du bei Widersprüchen ertappt wirst?

218
Was verbietest du dir aus Angst, dass andere dich widersprüchlich finden?

219
Machen dir deine Widersprüche Angst?

220
Machen deine Widersprüche deinen Mitmenschen Angst?

221
Wie wichtig sind dir Konstanten?

Was interessiert mich mein Geschwätz von gestern.

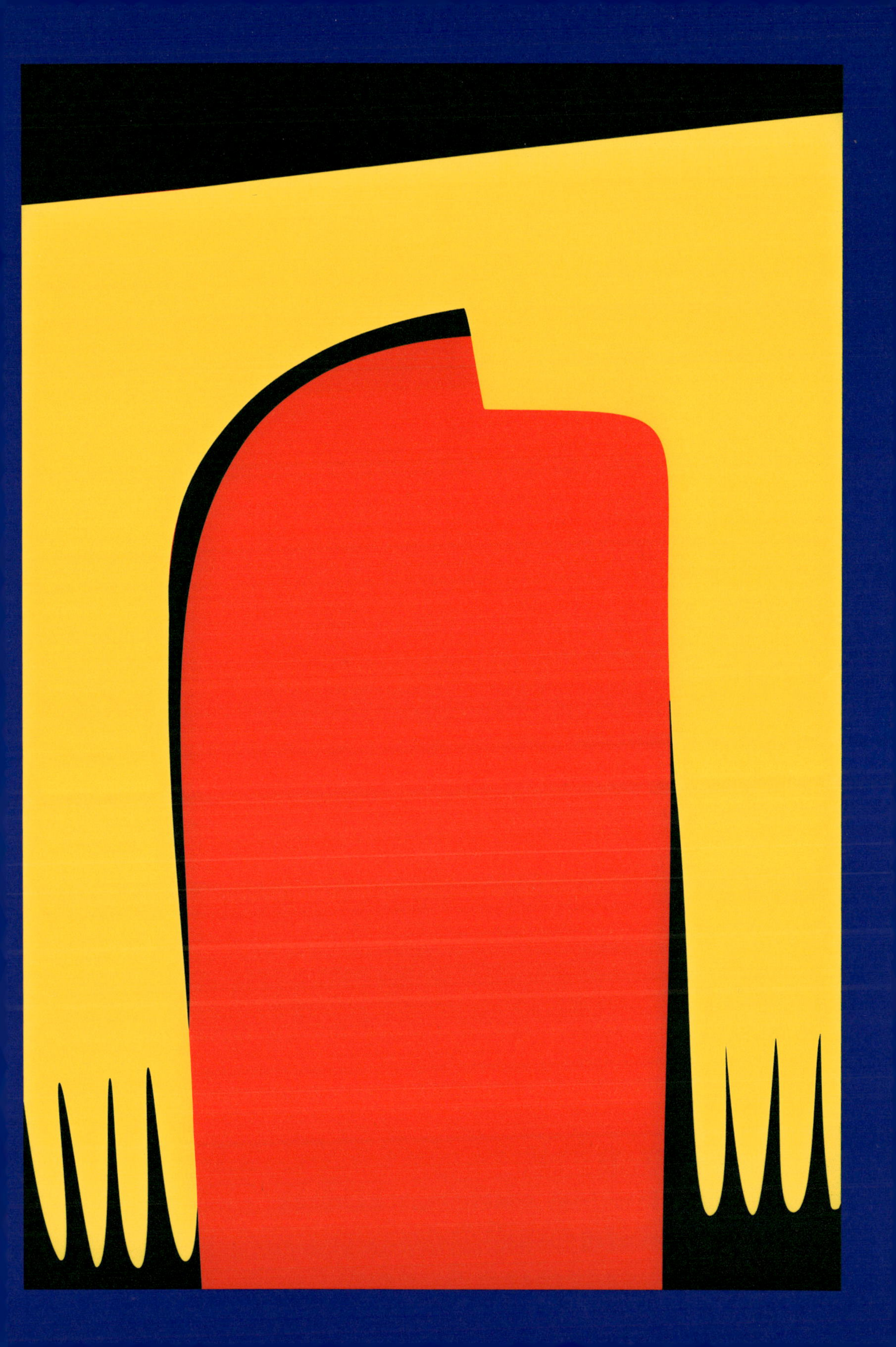

Siehst du dich so, wie andere dich sehen?

222
Hast du das Gefühl,
beobachtet zu werden?
Von wem?

223
Versuchst du die Motivation
einer jeden Person im Raum
zu ergründen?

224
In welchen Situationen
würdest du am liebsten
die Gedanken deines
Gegenübers lesen können?
Im Büro?
Auf der Party?
Im Bett?

225
In wen versetzt du dich
am häufigsten hinein?

226
Welche Motive stecken hinter
deinem Perspektivwechsel?

227
Möchtest du den Standpunkt
anderer besser verstehen?

228
Möchtest du ergründen,
wie sie dich sehen?

229
Kannst du gut Menschen lesen?

230
Was würden die meisten
Menschen über dich sagen?

231
Wie lebst du damit, wenn
andere ein schlechtes Bild
von dir haben?

**Wenn du dich
durch die Augen anderer siehst,
siehst du nicht
durch deine eigenen Augen.**

Was authentischst du auf?

232
Wer bist du bei der Arbeit?
Wer bist du bei deinen Freunden*innen?
Wer bist du zu Hause?

233
Wie viele Rollen lebst du?

234
Mögen sich deine verschiedenen Ichs?

235
Sind sie klar getrennt?

236
Brauchst du manchmal eine Auszeit von deinen verschiedenen Rollen?

237
Welchen Menschen empfindest du als besonders authentisch?

238
Wann empfindest du dich als authentisch?

239
In wessen Gegenwart fällt es dir leicht, authentisch zu sein?

240
Wünschst du dir, authentischer zu sein?

241
Was würde das bedeuten?

242
Passt du dein Verhalten deinem Umfeld an?

243
Schaust du dir von außen beim Unauthentischsein zu?

244
Gibst du dir Mühe?

245
Bei wem gibst du dir viel Mühe?

246
Mit wem hättest du weniger Kontakt, wenn du dir weniger Mühe geben würdest?

Du bist authentisch, wenn du von Liebe umgeben bist.

Worauf wartest du?

247
Fühlst du dich gedrängt?

248
Lässt du dich drängen?

249
Wie verschaffst du dir Zeit?

250
Wie verschaffst du dir
einen Überblick?

251
Wie lange brauchst du,
um dir eine Meinung zu bilden?

252
Wie lange brauchst du,
um zu spüren, was dir gut tun
würde?

253
Wenn du dir Bedenkzeit
erbittest, hast du dann bereits
zugesagt?

254
Wagst du ein Nein nach
reiflicher Überlegung?

255
Wie viel Zeit darfst du dir
nehmen?

256
An welche Reaktionszeit
hast du deine Mitmenschen
gewöhnt?

257
Zögerst du manchmal
eine Antwort so lange heraus,
bis andere für dich entscheiden?

258
Wie wirken Menschen auf dich,
die sich Zeit lassen?
Nerven sie?
Wirken sie kompetent?

259
Wer verlangt schnelle Reaktionen
von dir?

260
Worauf antwortest du prompt?
Auf E-Mails?
Auf Liebesbotschaften?
Wenn dich jemand um einen
Gefallen bittet?

Keine Zeit
für vorschnelle Entscheidungen.

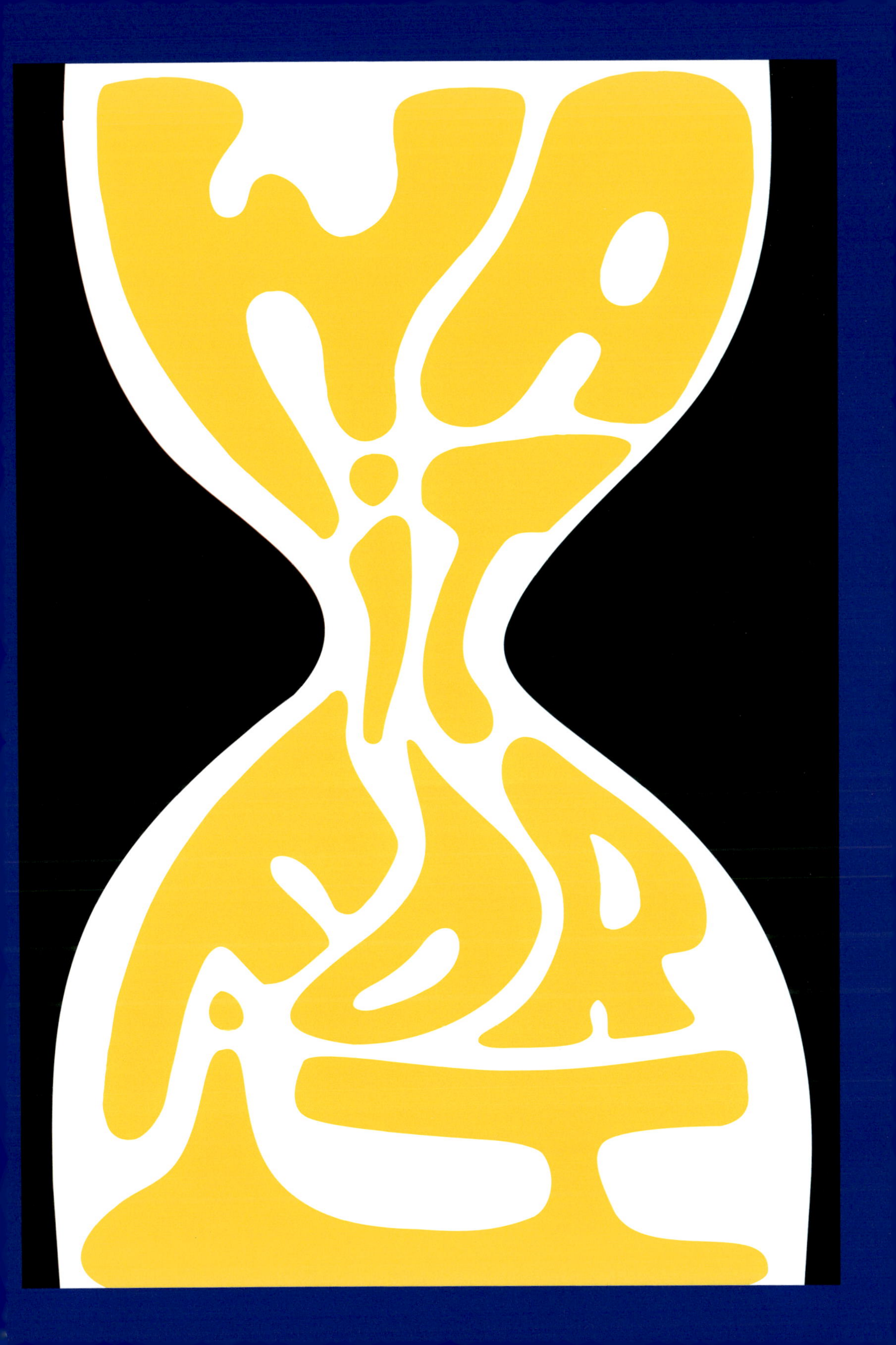

Selbstvertrauen

Hast du genug, um zu geben?

Sollten alle Lehrgeld zahlen oder gibst du einen aus?

261
Wie großzügig gehst du mit deinem Wissen um?

262
Hältst du Wissen zurück, um dir einen Vorteil zu sichern?

263
Behältst du dann auch ein schlechtes Gewissen?

264
Möchtest du von deiner Großzügigkeit profitieren?

265
Bist du bei allen gleich großzügig?

266
Kannst du großzügig sein, auch wenn jemand erfolgreicher werden könnte als du?

267
Fühlst du dich schnell ausgenutzt?

268
Sind Erwartungen an deine Großzügigkeit geknüpft?

269
Wann fällt es dir leicht, großzügig zu sein?

270
Was verschenkst du gerne?
Liebe?
Zeit?
Wissen?

271
Was teilst du ungern?

272
Versuchst du, deinen Geiz zu verstecken?

273
Zählst du mit, wie großzügig du heute schon warst?

Du kannst nur so viel bekommen, wie du bereit bist zu geben.

Leidest du unter Neid?

274
Was gehört dir allein?

275
Was würde dein Leben besser machen?

276
Wer hat ein schöneres Leben als du?

277
Auf wen bist du besonders neidisch?

278
Neidest du der Person das ganze Leben oder bestimmte Bereiche?
Den Erfolg?
Die Partnerschaft?
Die Kinder?

279
Wenn dich der Neid packt, ziehst du dich aus der Situation zurück oder versuchst du, das Objekt der Begierde zu bekommen?

280
Wären die Dinge, die du neidest, in deinem Leben gut aufgehoben?

281
Schonst du dein Gehirn, indem du ihm möglichst wenig Neidreize zumutest?
Meidest du Social Media?
Meidest du eine große Stadt?

282
Schämst du dich dafür, neidisch zu sein?

283
Hast du Vertraute, denen du deinen Neid gestehst?

284
Hast du schon Freundschaften aufgegeben, weil du sie nicht neidfrei genießen konntest?

285
Sind Menschen neidisch auf dich?

286
Empfindest du es als Kompliment oder Bedrohung, wenn dir jemand nacheifert?

287
Dürfen andere ohne dich Spaß haben?

I have the worst icecream.

Wann tritt dein Ego zur Seite?

288
Arbeitest du gerne mit anderen?

289
Arbeiten andere gerne mit dir?

290
Hörst du gerne anderen zu oder lieber dir selbst?

291
Werfen dir andere Egoismus vor?

292
Empfindest du dich selbst als egoistisch?

293
Wagst du es, deinem Ego in die Augen zu schauen?

294
Kannst du dein Ego von dem Rest deines Ichs unterscheiden?

295
Was braucht dein Ego? Was brauchst du?

296
Entwirft dein Ego großartige Visionen deiner Selbst, denen du nacheifern sollst?

297
Erwischst du dein Ego dabei, wie es dir in deine Zufriedenheit reinpfuschen will?

298
Erkennst du das Ego deiner Mitmenschen?

299
Hilft dir das im Umgang mit ihnen?

Das Ego als ultimativen Endgegner entlarven.

Nimmst du dir, was dir guttut?

300
Wer nimmt dich ernst?

301
Nimmst du dich ernst?

302
Musstest du erst lernen, dich ernst zu nehmen? Hast du es bereits gelernt? Willst du es lernen?

303
Bist du es wert, dass man dich ernst nimmt?

304
Haben andere mehr Substanz als du?

305
Musst du dafür kämpfen, ernst genommen zu werden?

306
Wirst du übergangen?

307
Beeinflusst eine Aussage, die du über dich selbst machst, das Bild, das andere von dir haben?

308
Können deine Mitmenschen darauf vertrauen, dass du gut für dich sorgst?

309
Woran arbeitest du ernsthaft?

310
Wo zählt deine Meinung?

311
In welchem Bereich lässt du keinen Raum für Diskussionen?

312
Wie viel Humor verträgt die Ernsthaftigkeit?

313
Lässt du dir das Hintertürchen Ironie offen, falls jemand dich nicht ernst nimmt?

314
Wer darf sich über dich lustig machen?

315
Wann reicht es?

Wenn du dich nicht ernst nimmst, stößt du alle vor den Kopf, die dich ernst nehmen.

An

gst

Brauchst du die Zeit noch oder kann ich die haben?

Bist du jetzt schon froh oder erst wenn es fertig ist?

316
Haben die Minuten einen Sinn für dich oder nur die Stunden und Tage?

317
Was soll am besten niemals enden?

318
Arbeitest du schnell,
damit du danach leben kannst?

319
Lebst du schnell,
damit du noch mehr leben kannst?

320
Sitzt die Unruhe auch
beim Feierabendbier neben dir?

321
Teilst du dir die Zeit gut ein,
damit du das Beste rausholen kannst?

322
In welchen Prozessen befindest du dich gerade?

323
Welchen Prozess nimmst du ganz bewusst wahr?
Altern?
Lernen?

324
Was wird bald abgeschlossen sein?
Freust du dich darauf oder macht es dir Angst?

325
Suchst du jetzt schon nach einer Aufgabe, die du danach in Angriff nehmen kannst?

326
Bist du in den letzten drei Jahren in deinem Beruf besser geworden?

327
Bist du in den letzten drei Jahren ein besserer Mensch geworden?

Wenn du liebst, was du tust, warum willst du möglichst schnell damit fertig werden?

CARPE
DIEM

Wer ist besser als du?

328
Wie oft denkst du,
dass du noch nicht dort bist,
wo du gerne wärst?

329
Auf was verzichtest du gerade,
um dorthin zu kommen?

330
Riskierst du Beziehungen,
um schneller voranzukommen?

331
Wie häufig denkst du,
dass das ganz Große
noch kommt?

332
Was ist dein ganz Großes?

333
Was wäre, wenn nichts Großes
mehr käme?

334
Bist du erfolgreicher oder
erfolgloser als die meisten
deines Alters?

335
Woran machst du das fest?

336
Bis zu welchem Alter muss man
es geschafft haben?

337
Kannst du Erfolge jüngerer
Menschen ohne Einschränkung
bewundern?

338
Wie viel jünger muss ein Mensch
sein, damit du dich nicht mehr
vergleichen möchtest?

339
Wie viele Kilometer hast du
heute schon gescrollt?

340
Wie befreist du dich aus dem
Strudel des Vergleichens?

341
Wie findest du dein Eigenes?

342
Vergleichst du dich mit deinen
früheren Ichs?
Wie fühlt sich das an?

Lauf dem Vergleich auf deinem eigenen Weg davon.

Wie schnell läufst du die Zeit ab?

343
Hast du deine persönliche Deadline vor Augen?

344
Was ist deine Deadline?
Ein Projekt abschließen?
Bis zum nächsten Urlaub durchhalten?
Vierzig werden?
Das Rentenalter erreichen?
Sterben?

345
Wie viel Zeit bleibt dir, um deine Ziele zu erreichen?

346
Wie schnell rennst du?

347
Rennen alle an dir vorbei?

348
Wirst du deine To-Do-Liste abarbeiten können?

349
Wie viel steht auf deiner To-Do-Liste?

350
Bist du gerade dabei, den richtigen Punkt auf der Liste zu bearbeiten?

351
Stehen auf deiner Liste Lebens- oder Tagesziele?

352
Was kannst du nicht mehr schaffen?

353
Für was ist es zu spät?

354
Streichst du nicht Erreichbares von der To-Do-Liste oder glaubst du insgeheim, dass du das Ziel doch noch erreichen wirst?

355
Auf welche Deadline arbeitest du gerade hin?

Der Tod ist die Deadline des Lebens.

Hast du einen Fuß in der Tür?

356
Was tust du heute,
was du später bereuen wirst?

357
Was tust du heute nicht,
was du später bereuen wirst?

358
Trauerst du um die Türen,
die geschlossen sind?

359
Welche Türen würdest du gerne
wieder öffnen?

360
Erleichtert es dich, dass dir
manche Entscheidungen von
der Zeit abgenommen wurden;
dass manche Türen schon
zugefallen sind?

361
Wie viele Möglichkeiten erhältst
du parallel aufrecht?

362
Auf was hast du zuletzt
verzichtet, um dich für eine
Möglichkeit zu entscheiden?

363
Wirst du jeden großen Verzicht
bereuen?

364
Wie wird dein Leben in zehn
Jahren aussehen, wenn du dir
jetzt alles offen hältst?

365
Hast du Angst,
etwas zu verpassen?

366
Was hast du schon verpasst?

367
Wem oder was trauerst du
hinterher?

368
Was würdest du anders
machen, wenn du zehn Jahre
jünger wärst?

369
Siehst du dein Leben schon
in der Retrospektive?

Nicht zu bereuen ist eine Entscheidung.

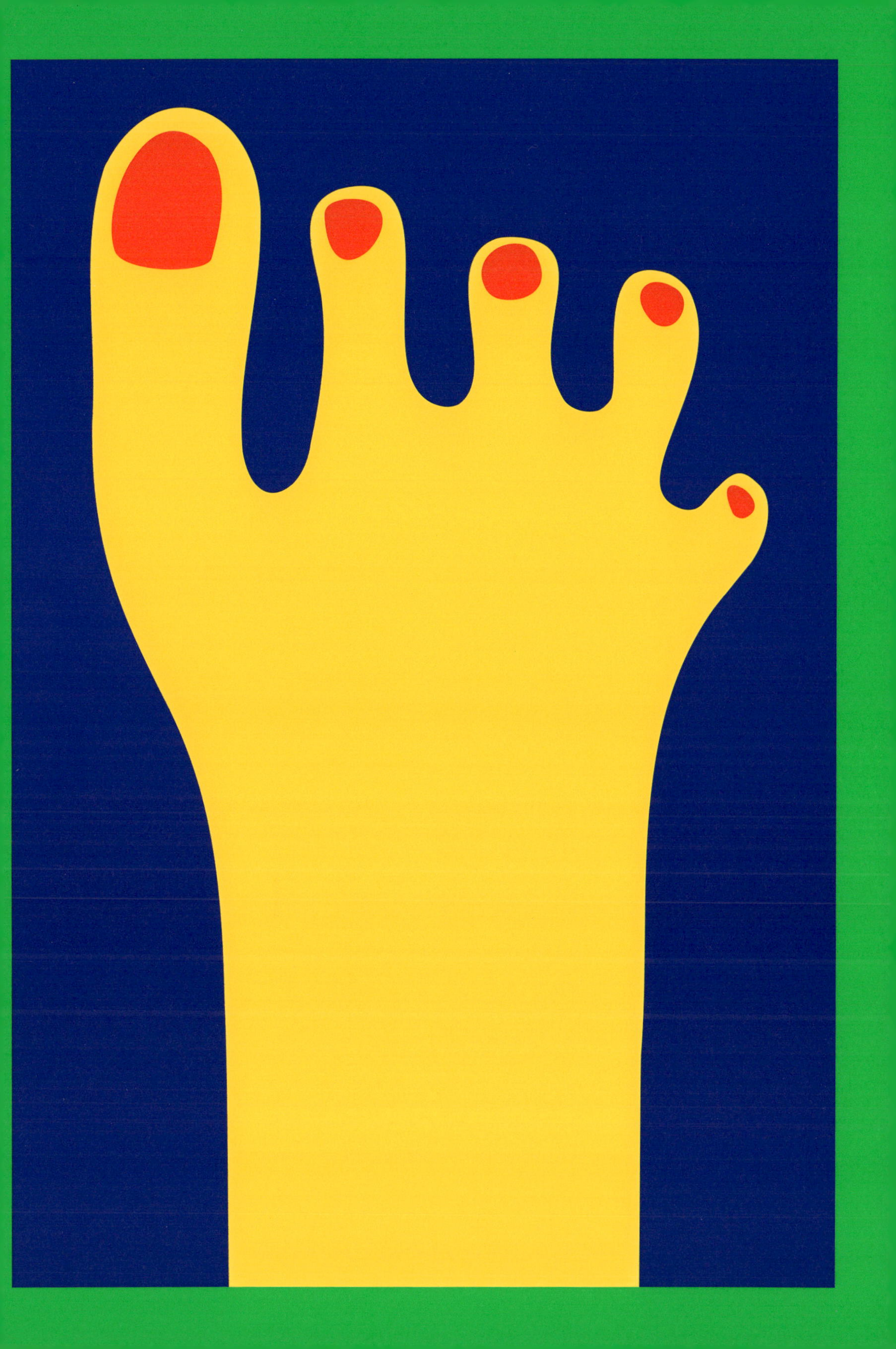

Risiko

Lohnt sich das?

Hast du Lust auf die Angst oder hat sie Lust auf dich?

370
Willst du alles spüren,
auch die Angst?

371
Wann hattest du zuletzt Angst?

372
Gehst du bewusst den Weg
der Angst?

373
Wovor hast du am meisten Angst?

374
Lauert die Angst
in deinem unbekannten Selbst
oder in der Welt?

375
Möchtest du auf Entdeckungsreise
gehen?

376
Konfrontierst du dich
mit deinen Ängsten?

377
Wovor hast du keine Angst mehr?

378
Bist du mutig?

379
Magst du Mutproben?

380
Welche Mutprobe hast du
zuletzt bestanden?

381
Hast du noch Angstlust,
wenn eine echte Möglichkeit
des Scheiterns besteht?

382
Was darf auf dem Spiel stehen:
Eine Freundschaft?
Ein Haarschnitt?
Ausgelacht werden?
Jemanden verärgern?
Als unzuverlässig zu gelten?
Ein gebrochenes Bein?
Nicht zu gefallen?

383
Wie freundest du dich
mit deiner Angst an?

Angstlust ist Lebenslust ohne Rücksicht auf Verlust.

Könntest du auffliegen?

384
Tust du so, als ob du erwachsen wärst?

385
Tust du so, als ob du arbeiten würdest?

386
Tust du so, als ob du ein netter Mensch wärst?

387
Bist du nett, nur um zu beweisen, dass du nett bist?

388
Wem willst du das beweisen?

389
Beobachtest du dich dabei, wie du versuchst, klug, nett und talentiert zu sein?

390
Machst du das gut?

391
Was würden Menschen entdecken, wenn sie dich gut kennenlernten?

392
Hast du dir Sachen im Leben erschlichen?
Deine Karriere?
Deine Liebesbeziehung?

393
Kannst du in den Augen der anderen sehen, dass sie wissen, dass du eigentlich nur so tust als ob?

394
Was würde passieren, wenn du auffliegst?

395
Was wäre ein Beweis dafür, dass du nicht mehr so tust, als würdest du etwas tun?

396
Wer oder was kann dich bestätigen?

Wenn du so tust, als würdest du etwas tun, dann tust du es schon.

Wer wird dich verlassen?

397
Wie argwöhnisch bist du?

398
Wem vertraust du vollkommen?

399
Wer vertraut dir?

400
Kannst du noch vertrauen – oder wieder?

401
Wer hat dich im Stich gelassen?

402
Wen hast du im Stich gelassen?

403
Hast du Angst, verlassen zu werden?

404
In wen investierst du viel, damit er oder sie nicht geht?

405
Ist Vertrauen ein Vertrag?

406
Fußt dein Vertrauen auf Angst oder auf Liebe?

407
Musst du anderen vertrauen, weil du dir selbst nicht vertraust?

408
Wie viel Zeit brauchst du, um Menschen zu vertrauen?

409
Wie viel Sicherheit brauchst du, um dich fallen zu lassen?

410
Stürzt du dich ohne Anker ins Abenteuer?

411
Hast du festen Grund unter den Füßen?

Angst ist Schmerz, der noch nicht da ist.

Was hast du zu verlieren?

412
Womit verbringst du
die meiste Zeit?

413
Wofür gibst du
das meiste Geld aus?

414
Zu wem bist du am nettesten?

415
Wieviel investierst du
in dein inneres Selbst?
In Therapie?
In Selbstfindung?
In Bildung?

416
Wie viel investierst du
in dein äußeres Selbst?
In Status?
In Aussehen?
In Wohlstand?

417
Hast du Angst, im Alter arm
und alleine zu sein?

418
Hast du Angst um deine
Liebesbeziehung?
Um dein Aussehen?
Um deine Arbeit?

419
Was tust du, um diese Ängste
zu minimieren?

420
Investierst du umso mehr,
je größer deine Angst ist,
etwas zu verlieren?

421
Investierst du, weil du hoffst,
mehr herauszubekommen oder
weil du sichergehen willst,
dass alles so bleibt?

422
Wann hast du zuletzt deine
ganzen Kräfte und Ressourcen
mobilisiert?
Hat es sich gelohnt?

423
Wie schnell muss sich eine
Investition lohnen, damit du sie
als Erfolg verbuchst?

424
Welche Überstrapazierung
deiner Ressourcen schmerzt
am meisten?
Ins Minus gehen?
Schlafmangel?
Ausgenutzt werden?

Wenn deine Erwartungen flexibel sind, gibt es mehr zu gewinnen.

Bist du sicher?

Wie viel nimmt dir Madame Routine ab?

425
Welche Routinen begleiten dich in deinem Alltag?

426
Tust du dir routiniert Gutes?

427
Welche deiner Routinen tun dir nicht gut?

428
Hast du genug Zeit für einen routinierten Alltag?

429
Wünschst du dir mehr Routine?

430
Welche Routinen bewunderst du bei anderen?

431
Welche Routinen lässt du bei Stress wegbrechen?

432
Wie oft verändern sich deine Routinen?

433
Entgleiten dir deine Tage ohne Routinen?

434
Willst du dir manchmal nichts Gutes tun?

435
Wann wird aus der Vernachlässigung deiner Routinen Destruktion?

436
Neigst du zur Destruktion?

437
Wie viel Routine verträgt ein aufregendes Leben?

438
Wie viel Routine braucht ein aufregendes Leben?

Ohne Routine ist Chaos Routine.

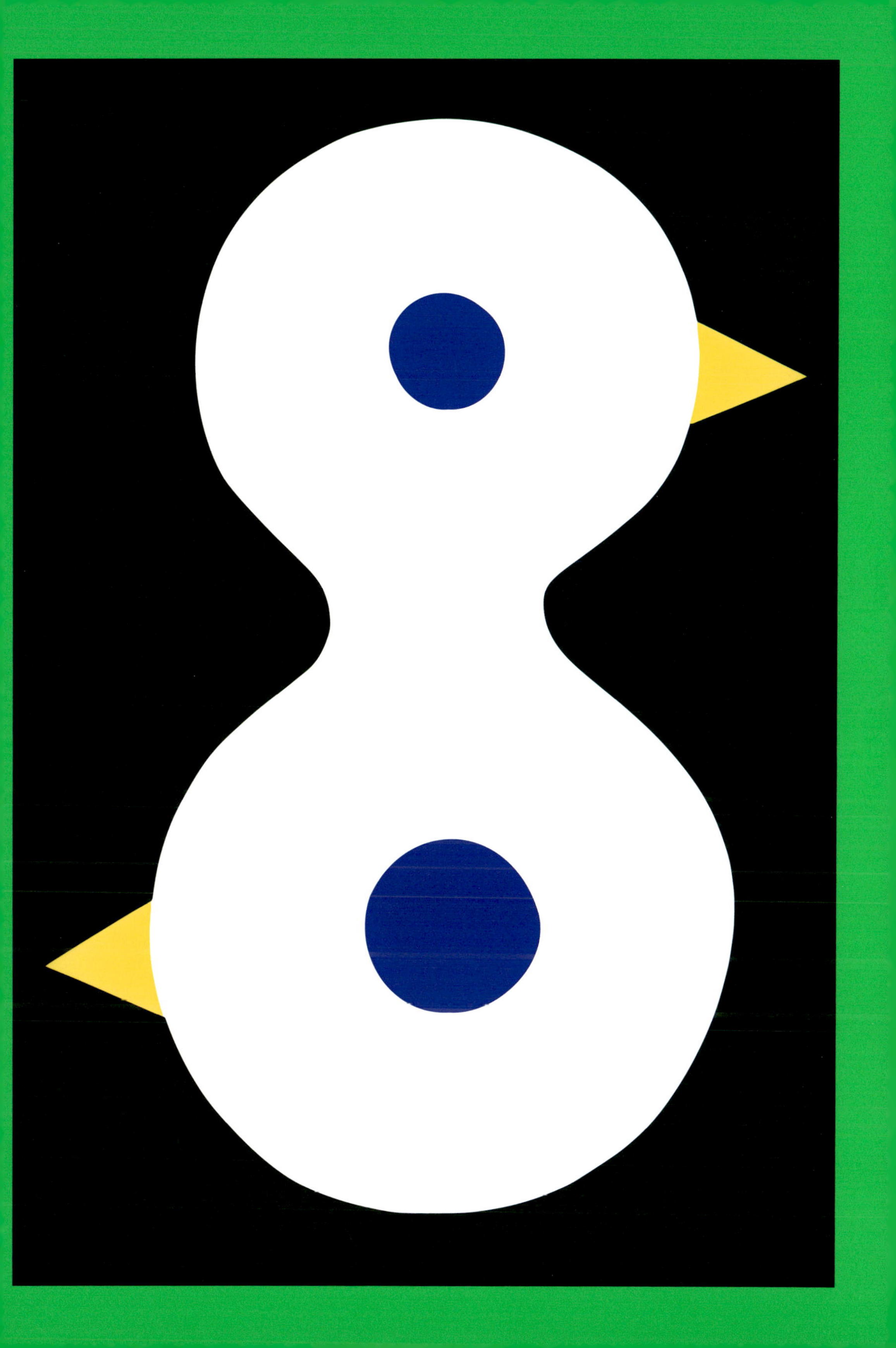

Entspannst du geplant oder gibst du auf?

439
Ist der Tod deine letzte Aussicht auf Entspannung?

440
Wo kannst du besonders gut entspannen?

441
Bist du zu Hause entspannt?

442
Mit wem kannst du dich gut entspannen?

443
Kannst du alleine entspannen oder ist dir dann langweilig?

444
Wie viel Zeit hast du täglich für Entspannung eingeplant? Und jährlich?

445
Ist Entspannung ein Privileg, das du dir erarbeiten musst?

446
Welche Ängste verwehren dir die Entspannung?

447
Würden andere dich als unentspannt beschreiben?

448
Können sich Gäste bei dir entspannen?

449
Spazierst du dich locker oder trinkst du dich locker?

450
Weißt du, wie viel Entspannung du brauchst oder sagt dir das dein Körper?

451
Entspannst du, um effektiver arbeiten zu können?

452
Wenn es ruhig wird, hörst du dann deine To-Do-Liste lauter schreien?

Liegen bleiben.

Hast du Zeit für Geld?

453
Was ist für dich das Beste an Geld?

454
Was ist das Schlimmste?

455
Rechnest du deine Ausgaben in Zeit um?

456
Wie viele Stunden musst du arbeiten, um deine Miete zu bezahlen?

457
Hast du heute mehr auf dem Konto als vor drei Jahren?

458
Bist du entspannter als vor drei Jahren?

459
Bietet Geld dir ultimative Sicherheit?

460
Hast du genug Geld?

461
Wie oft denkst du ans Geld?

462
Musst du für andere sorgen?

463
Fühlst du dich dadurch unfrei oder eingebunden?

464
Würdest du anders leben, wenn du nur für dich alleine sorgen müsstest?

465
Denkst du im Stillen, dass du noch reich werden wirst?

466
Was würdest du mit sehr viel Geld machen?

Du wirst bezahlt, zahlst aber auch.

Hast du mehr Angst vor dem Tod oder dem schlechten Leben?

467
Beweist du Mut zum Enthusiasmus?

468
Spürst du den Leichtsinn?

469
Wann wird Vernunft zu Vermeidung?

470
Ist Vermeidung dein Schutz vor Enttäuschung?

471
Bist du lieber realistisch als enthusiastisch?

472
Traust du dich, dir unrealistische Ziele zu setzen?

473
Steht die Sicherheit deiner Leidenschaft im Weg?

474
Wie viel Unvernunft würde dir guttun?

475
Wann warst du das letzte Mal freudvoll unvernünftig?

476
Ab wann bedeutet unvernünftig sein, dass du dein Leben nicht im Griff hast?
Ab einem bestimmten Alter?
Ab einem bestimmten Grad der Eskalation?

477
Wie lang ist dein letzter Fehltritt her?

478
Was war der Fehltritt?
Ein Besäufnis?
Eine Fehlinvestition?
Eine Affäre?

Unvernunft ist das Sahnehäubchen des Lebens.

Wer bist du minus deine Arbeit?

Hast du Angst, kaputtzugehen?

479
Was brauchst du,
um zu funktionieren?

480
Vertraust du auf dein
Funktionieren?

481
Wie äußert es sich,
wenn du nicht funktionierst?

482
Funktioniert die Arbeit nicht
mehr? Kannst du deine
Aufgaben nicht erledigen?

483
Funktioniert der Alltag nicht
mehr? Schaffst du es nicht,
deine Wohnung sauber zu
halten?

484
Funktioniert deine Beziehung
nicht mehr? Gibt es oft Streit?

485
Funktionierst du gerade gut?

486
Wie lange kannst du nicht
funktionieren, bevor du Angst
bekommst, dass du nie wieder
funktionieren wirst?

487
Wer außer dir selbst verlangt,
dass du funktionierst?
Deine Familie?
Die Rechnungen, die bezahlt
werden sollen?

488
Wie kannst du ungesundes
Funktionieren aufrechterhalten?
Mit Hilfe von Yoga?
Mit eiserner Disziplin?

Hast du erst dann das Gefühl zu arbeiten, wenn es wehtut?

Schmückt dich der Stress?

489
Fühlst du den Stress?

490
Füllt dich der Stress?

491
Wie fühlt sich dein Stress an?

492
Bist du gerade gestresst?

493
Sagst du immer,
»ich bin gerade gestresst«?

494
Ist dein Bedürfnis nach Ruhe ein legitimer Grund, etwas abzusagen?

495
Darf ein wertvolles Mitglied unserer Gesellschaft entspannt sein?

496
Ist es deine eigene Schuld, wenn du gestresst bist?

497
Bekommst du trotzdem Mitleid?

498
Merken deine Mitmenschen, wenn du gestresst bist?

499
Wenn nicht – wie verbirgst du deinen Stress?

500
Ist Stress dein Komplize?
Gibt er dir Halt?
Schützt er dich vor Ruhe?

501
Wenn es ruhig wäre, was würdest du hören?

502
Wenn der Stress nicht da ist, gehst du ihn suchen?

503
Schreibst du extra lange To-Do-Listen?
Schleppst du sie von Tag zu Tag?

Stress wie einen Orden tragen.

BUSY

Wird Arbeit dich retten?

504
Was liebst du an deiner Arbeit?

505
Gehst du gern zur Arbeit?

506
Gehst du gern nach Hause?

507
Welcher Anruf muss entgegengenommen werden:
Der von zu Hause,
wenn du bei der Arbeit bist?
Der von der Arbeit,
wenn du zu Hause bist?

508
Würdest du lieber mehr arbeiten und dafür Geld in eine Putzhilfe investieren?

509
Oder weniger arbeiten und selbst putzen?

510
Welche Arbeiten würdest du gern von anderen erledigt wissen?
Hausarbeit?
Erziehungsarbeit?
Ertragsarbeit?

511
Welche Arbeit erfüllt dich?

512
Wie lange befriedigt dich das Ergebnis getaner Arbeit?

513
Wie stellst du dich
in geselliger Runde vor?
Mit deinem Beruf?

514
Wie würdest du dich vorstellen, ohne deinen Beruf zu nennen?

515
Wenn es privat schlecht läuft,
stürzt du dich in die Arbeit?
Oder leidet die Arbeit darunter?

516
Hat dich Arbeit schon einmal
im Stich gelassen?
Wie?

Ist Arbeit dein Leben oder dein Tod?

Wie gut schmecken die Früchte deiner Arbeit?

517
Bist du stolz auf deine Arbeit?

518
Schämst du dich,
wenn du stolz bist?

519
Auf welche Arbeit bist du besonders stolz?
Deine Beziehungsarbeit?
Deine Ertragsarbeit?
Deinen Garten?

520
Bist du stolz auf dich
als Freund*in?

521
Wer ist stolz auf dich?

522
Kannst du erst stolz sein,
wenn jemand Anderer stolz
auf dich ist?

523
Bewunderst du Menschen,
die ohne zu relativieren und
ohne Arroganz stolz sein
können?

524
Wie wohlwollend ist dein Blick
auf deine getane Arbeit?
Direkt nach Abschluss?
Ein Jahr später?

525
Schonst du deine Mitmenschen,
indem du dich in ihrer
Anwesenheit nicht über deinen
Erfolg freust?

526
Was sagt das über dich aus?
Traust du deinen Mitmenschen
nicht zu, sich mit dir über
deine Arbeit zu freuen?

527
Wie ist es, wenn deine
Mitmenschen Erfolg haben?
Kannst du dich freuen?

528
Ist es einfacher, gemeinsam
zu leiden, als sich gemeinsam
zu freuen?

Leckerbisschen stolz.

Kontrollverlust

Alles okay bei dir?

Hältst du dich am Status quo fest?

529
An was hältst du dich fest?

530
An wem hältst du dich fest?

531
Was wird sich bald verändern?

532
Macht es dir Angst,
wie die Welt sich verändert?

533
Betrachtest du dein Leben
mit Nostalgie?

534
Willst du, dass alles beim Alten bleibt?

535
Wann hat sich zuletzt in deinem Leben etwas so verändert, dass der Status quo unerträglich wurde?

536
Wer oder was war schuld?

537
Hast du die Veränderung bemerkt während sie geschah oder erst danach?

538
Wenn deine Arbeit gleich bleibt,
der Markt sich aber verändert,
bleibt deine Arbeit gleich wichtig?
Bleibst du bei deiner Arbeit?

539
Wenn du gleich bleibst,
sich die Welt aber verändert,
bleibst du dann die- oder derselbe?

Wann hält die Liebe den Status quo aufrecht? Wann die Angst?

Hast du Kontrollgelüste?

540
Bist du ein*e Anführer*in?

541
Sind deine Mitmenschen dankbar dafür?

542
Wo darfst du bestimmen?
Zu Hause?
Beim Picknick mit Freund*innen?
Bei der Arbeit?

543
Wie wägst du ab:
die gute Stimmung gefährden oder deinen Willen durchsetzen?

544
Wie gehst du damit um, wenn Menschen sich nicht deinem Plan gemäß verhalten?

545
Planst du nur mit dir selbst?

546
Wie flexibel reagierst du auf Planänderungen?

547
Müssen andere sich deinen Terminen und Bedürfnissen unterordnen?

548
Weißt du meist am besten, was das Beste wäre?

549
Lässt du andere trotzdem ausprobieren oder intervenierst du?

550
Kannst du dich gehen lassen?

551
Was brauchst du dafür?
Eine gewohnte Umgebung?
Jemanden, der oder die das Kommando übernimmt?

552
Wenn du dich gehen lässt, gehst du dann zu weit?

**Ich will nicht,
dass du machst, was ich will.
Ich will, dass du willst,
was ich will.**

Fährst du den Karren an die Wand?

553
Bist du aufgeräumt oder
durcheinander?

554
Was ist schlimmer:
die Fassade nicht aufrecht
erhalten zu können oder
wenn keine*r hinter
deine Fassade blickt?

555
Wie schlecht muss es dir gehen,
damit deine Maske bröckelt?

556
Haben andere Menschen
heimlich auch so ein starkes
Gefühl von Kontrollverlust?

557
Hast du schon einmal
die Kontrolle über dein Leben
verloren?

558
Kannst du dich an den
Zeitpunkt erinnern, an dem dir
das klar wurde?

559
Was hast du daraufhin
gemacht?

560
Wer hat deinen Kontrollverlust
bemerkt?
War er offensichtlich?

561
Hast du Angst,
dich in einer ähnlichen Situation
wiederzufinden?

562
Hast du Vertrauen, dass du
auch Chaoszeiten überstehen
wirst?

563
Hast du schon einmal
das letzte bisschen, was dir
noch blieb, kaputtgemacht?

564
Warum?
Damit du wenigstens deinen
Untergang in der Hand hast?
Damit jemand merkt,
wie es dir geht?
Damit du Hilfe bekommst?

**Du fährst den
Vorschlag-Hummer.**

Verzweifelst du am Zweifel?

565
Was soll das alles?

566
Was macht in deinem Leben Sinn?

567
Warum lebst du das Leben, das du lebst?

568
Könnte jemand anderes deine Arbeit nicht viel besser machen?

569
Wirst du bald ausgetauscht werden?

570
Wer würde dich vermissen, wenn du nicht da wärst?

571
Sind deine Ziele wichtig?
Für wen?

572
Bist du ein guter Mensch?

573
Könntest du nicht etwas mehr machen?

574
Zweifelst du Systeme an?
Autoritäten?
Dein privates System?
Das deines Landes?
Den Kapitalismus?

575
Handelst du deinem Zweifel entsprechend?

576
Bist du aktiv genug?
Politisch?
Für die Umwelt?

577
Welchen Beitrag leistest du?

578
Wie beruhigst du den oder die Zweifler*in in dir?

Bist du unsterblich?

Fühlst du dich berufen?

579
Was steht dir zu?
Warum?

580
Kannst du etwas am besten?

581
Hättest du auch einen anderen Beruf wählen können?
Welchen?

582
Hätte die Welt was verpasst, wenn du einen anderen Beruf gewählt hättest?

583
Hast du Glück, dass du deinen Beruf ausüben kannst?

584
Findest du, es braucht Willen und Mut, deinen Beruf auszuüben?

585
Welche Bezeichnung definiert dich?

586
Wenn du gerne Trompete spielst, kochst oder malst;
ab wann darfst du dich Trompeter*in, Köch*in oder Maler*in nennen?

587
Hast du die Berechtigung, dich so zu bezeichnen,
wenn du die Lust verspürst, dich Trompeter*in, Köch*in oder Maler*in zu nennen?

588
Oder musst du dein Geld damit verdienen?

589
Darfst du dich selbst definieren oder macht das die Gesellschaft für dich?

Kommt dein Talent vom Ehrgeiz oder von Gott?

Was präsentierst du dem Publikum?

590
Genießt du das Rampenlicht?

591
Was erwartest du,
wenn du der Welt etwas zeigst?

592
Kannst du dich hinter deiner
Arbeit verstecken?
Hinter deinem Aussehen?
Deiner Bildung?

593
Wie sicher musst du dir des
Wohlwollens des Publikums sein,
um dich gerne zu zeigen?

594
Wer ist dein Publikum?

595
Was ist deine Bühne?

596
Weißt du, was das Publikum
will?

597
Wie groß ist deine Angst davor,
dass dein Können nicht
angenommen wird?

598
Was passiert,
wenn der Applaus ausfällt?
Arbeitest du dann härter?

599
Begibst du dich bewusst
in Situationen, in denen du
mit deinem Können glänzen
kannst?

600
Feierst du dein Können?
Feiern andere mit dir?

601
Stapelst du tief
für mehr Komplimente?

Zeigst du alles oder behältst du etwas für dich?

Wann hast du genug Erfolgreichtum angehäuft?

602
Was ist ein erfolgreicher Mensch?

603
Bist du ohne beruflichen Erfolg auf dein Menschsein zurückgeworfen?
Auf deinen schlechten Charakter?
Auf deinen guten Charakter?

604
Wo bist du am erfolgreichsten?
Im Büro?
In der Familie?
In einem Verein?
Mit dir selbst?

605
Woran machst du deinen Erfolg fest?

606
Kannst du zufrieden sein, wenn du keinen beruflichen Erfolg hast?

607
Wärst du zufriedener, wenn du erfolgreicher wärst?

608
Bist du schon erfolgreich?

609
Bist du schon zufrieden?

610
Was versprichst du dir von Erfolg?

611
Was wäre, wenn der Erfolg nicht mehr käme?

612
Darfst du unzufrieden sein, obwohl du Erfolg hast?

613
Darfst du erst zufrieden sein, wenn du sowohl privat als auch beruflich Erfolge vorzuweisen hast?

Kann ein zufriedener Mensch erfolglos sein?

Wirst du den Tod überlisten?

614
Beschäftigst du dich mit deiner Sterblichkeit?

615
Macht der Tod dir mehr oder weniger Angst, je älter du wirst?

616
Trauerst du der Vergangenheit nach?

617
Wie eng ist der Kontakt zu deinen Eltern?

618
Ist er enger geworden, seit du dir deiner eigenen Vergänglichkeit bewusst geworden bist?

619
Woran merkst du,
dass du älter wirst?
An dir selbst?
An deinen Eltern?
An deinen Kindern?
An der Welt?

620
Willst du auf der Welt Spuren hinterlassen?

621
Willst du berühmt sein?

622
Denkst du insgeheim,
dass du noch berühmt wirst?

623
Hast oder willst du Kinder,
um dir ein Denkmal zu setzen?

624
Wie würdest du arbeiten,
wenn dein Name nie unter
deiner Arbeit stünde?

Arbeitest du in Gedanken daran, dass dein Werk deinen Tod überdauern wird?

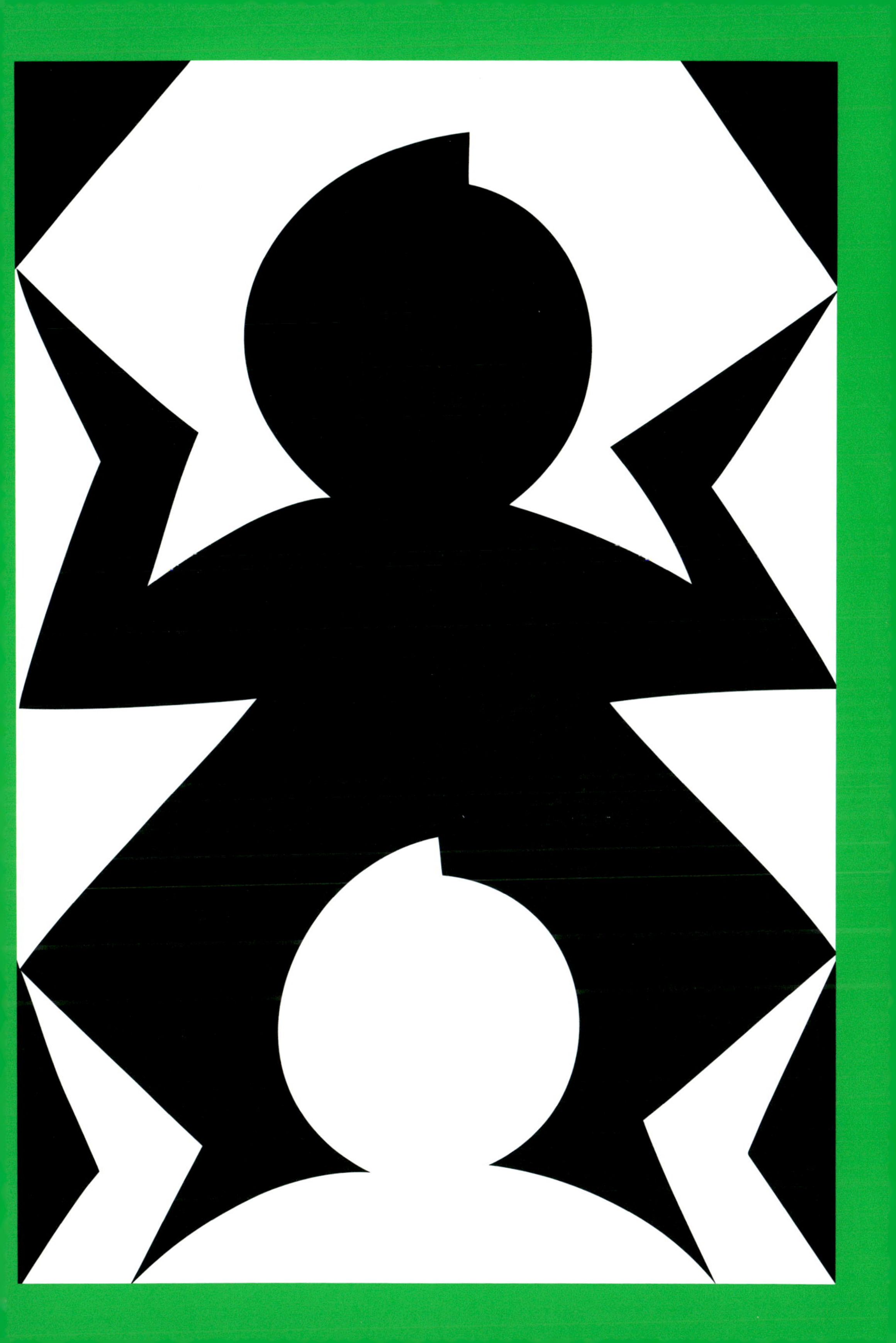

Sch

merz

Was erwartest du ab?

Wie perfekt bist du?

625
Bezeichnest du dich selbst als Perfektionist*in?

626
Bezeichnen andere dich als Perfektionist*in?

627
Wärst du auch perfektionistisch, wenn es niemand sehen würde?

628
Welche Vorteile haben deine Mitmenschen von deinem Perfektionismus?

629
Fällt dein Perfektionismus jemandem auf?

630
Wie oft nimmst du dir etwas vor, was du nicht umsetzt?

631
Wie belastet bist du davon?

632
Nimmst du dir daraufhin weniger vor oder strengst du dich mehr an?

633
Hindert dein Perfektionismus dich daran, eine Aufgabe zu beginnen oder zu beenden?

634
Wie sehr schmerzt es, wenn du deinen Ansprüchen nicht genügst?

635
Hängst du dich in der Perfektionsschleife auf?

636
Wenn du weiter polierst, wird es dann wirklich noch besser?

637
Ist dein Anspruch an eine Aufgabe deckungsgleich mit dem Anspruch deiner Kund*in oder deiner Chef*in?

638
Kannst du eine noch nicht perfekte Arbeit abgeben, wenn die Kund*in zufrieden ist oder drehst du unbezahlte Extrarunden?

639
Ist deine Arbeit umso perfekter, desto mehr Menschen sie gut finden?

Mein perfekt ist dein ok.

PER
FUCKED

Hast du mehr Anerkennung verdient?

640
Wünschst du dir mehr Anerkennung?

641
Um wessen Anerkennung buhlst du am eifrigsten?

642
Wie forderst du mehr Anerkennung ein?

643
Fragst du andere nach ihrer Meinung?
Warum?
Um Lob einzuheimsen?

644
Wessen ausbleibende Anerkennung schmerzt am meisten?
Die deiner Eltern?
Deiner Kund*innen?
Deiner Kolleg*innen?
Deiner Freund*innen?

645
Wenn du wenig Anerkennung erwartest, wie viel Mühe gibst du dir noch?

646
Wie gehst du mit Anerkennung um, wenn dir das Ergebnis nicht gefällt oder du eine Idee umsetzen musstest, die nicht die deine war?

647
Kannst du die Anerkennung nehmen oder bist du dann ein*e Betrüger*in?

648
Verteilst du viele Komplimente?

649
Bist du enttäuscht,
wenn du kein Kompliment zurückgeschenkt bekommst?

Dein Ego hängt fest am Angelhaken – beim Fischen nach Komplimenten.

Hebst du den Vorwurf auf?

650
Was wird dir vorgeworfen?

651
Wann hast du das letzte Mal jemandem etwas vorgeworfen? Warum?

652
Wie reagierst du auf Vorwürfe?
In der Situation?
Und später?

653
Verteidigst du dich in der Situation und merkst später, dass du den Vorwurf dadurch angenommen hast?

654
Für was musst du dich oft rechtfertigen?
Vor dir selbst?
Vor deinen Lieben?
Vor deinen Kolleg*innen?

655
Was war der letzte berechtigte Vorwurf, den du dir anhören musstest?

656
Wann hast du dich das letzte Mal entschuldigt, damit Ruhe ist?

657
Machst du das dann dir zum Vorwurf oder den anderen?

658
Wie hältst du dein gekränktes Ego von einer Prügelei ab?

659
Wer gewinnt, wenn du dein Ego schützen kannst und dafür das Ego der anderen gekränkt wird?

660
Wie kannst du den Vorwurf auf dem Boden liegen lassen?

Wenn ich sage, dass du dich irrational verhältst, verhalte ich mich irrational.

Wo ist das Problem?

661
Bist du stark?

662
Kümmerst du dich um deine Probleme oder lieber um die der anderen?

663
Verarztest du erst andere, bevor du dir selbst ein Pflaster aufklebst?

664
Schauen dich Menschen mitleidig an, wenn du sagst, dass es dir gut geht?

665
Was ist dein Verdrängungs-mechanismus der Wahl?
Arbeit?
Noch ein Hobby?

666
Ist Verdrängen Kopfsache?
Kannst du mit dem Herzen verdrängen?

667
Wann macht Verdrängen Sinn?

668
Ignorierst du gerade ungute Zustände im Leben,
in der Hoffnung, sie dadurch zu überstehen?

669
Hast du eine Ahnung davon, was du verdrängst?

670
Hast du eine Ahnung davon, warum du verdrängst?

671
Was erhoffst du dir?

672
Wer weiß von deinen Hoffnungen?

673
In welchem Bereich hast du ein vages Gefühl, dass deine Hoffnungen sich nicht erfüllen werden?

674
Sprichst du besonders positiv über diesen Bereich, um deinem Zweifel entgegenzuwirken?

**Du siehst das Problem erst,
wenn dein Herz stark genug ist.**

Enttäuschung

Ist das jetzt dein Leben?

Wie zur Hölle bist du hier gelandet?

675
Hast du dich verlaufen?

676
Hast du eine falsche Abzweigung genommen oder wurde der richtige Weg zum falschen?

677
Weil du dich verändert hast? Weil sich die Umstände verändert haben?

678
Wann hast du gemerkt, dass richtig nicht mehr richtig ist?

679
Hat dich dein Ego auf den falschen Weg gelockt?

680
Was war der Köder?
Eine schöne Stadt?
Ein schöner Mensch?
Beruflicher Erfolg?

681
Verbringst du den Großteil deiner Zeit mit Dingen, die dir keinen Spaß machen?

682
Liegt das an deiner Arbeit oder deinem Privatleben?

683
Bist du gut in Sachen, die dir eigentlich keinen Spaß machen?

684
Warum bist du in den Bereichen gut geworden?

685
Zeigst du weiterhin Arbeiten von dir, obwohl es Sachen sind, die du in Zukunft eher nicht mehr machen möchtest?

Im Kleinen das Richtige tun, aber im Großen das Falsche.

Ist die Show vorbei?

686
Wie oft machst du eine Bestandsaufnahme deines Lebens?

687
Welche Dinge schaust du dir lieber nicht so genau an?
Dein Arbeitsleben?
Deine Beziehung?
Dein Wohlbefinden?
Deinen Gesundheitszustand?

688
Wann hat es zuletzt weniger Kraft gekostet hinzuschauen als die Augen zu verschließen?

689
Was ist daraufhin zusammengebrochen?
Eine berufliche Vision?
Musstest du eine Liebe ziehen lassen?

690
Wurdest du von den Veränderungen überrascht?

691
Wer hat dir zuletzt eine unangenehme Wahrheit über dich mitgeteilt?

692
Warst du dafür dankbar oder wütend?

693
Bittest du dein Umfeld gelegentlich um einen Reality-Check?

694
Bekommst du ein ehrliches Feedback?

695
Wer kennt dich gut genug, um dir einen Reality-Check zu verpassen?

696
Wie viel Realität verträgst du?

Wenn der Vorhang fällt, gehst du los.

Was bleibt dir übrig?

697
Wenn die Liebe stirbt, wenn der Job gekündigt wird, wenn du nicht mehr aufstehen kannst, wenn nichts mehr Sinn macht, was bleibt?

698
Wenn du keine Rolle mehr spielst, wer bist du dann?

699
Was kann nicht kaputtgehen?

700
Wenn alles kaputtgeht, wie bleibst du handlungsfähig?

701
Was entscheidet zwischen Hinlegen und Weitergehen?

702
Wie nimmst du dich selbst an die Hand für deine ersten Schritte aus der Misere?

703
War deine berufliche Existenz schon einmal in Gefahr?

704
Haben dich berufliche Probleme schon einmal an den Ursprung deiner Berufswahl gebracht?

705
Wenn alles kaputt war und du kein Geld verdienen konntest, hast du dann wieder aus Freude gearbeitet?

706
Musstest du schon einmal Sozialhilfe beantragen oder deine Eltern um Geld fragen?

707
Kannst du jemanden um Hilfe bitten?

Hoffst du auf eine bessere Vergangenheit?

708
Was in deinem Leben hätte besser laufen sollen?

709
Welche bittere Enttäuschung schmeckst du heute noch?

710
Was war die größte Enttäuschung deines Lebens?

711
Wie viel Zeit verbringst du in der Vergangenheit?

712
Wie wäre alles anders gekommen?

713
Was hättest du besser machen können?

714
Wie gehst du mit der Enttäuschung um?

715
Wie umgehst du deine Enttäuschung?

716
Wer weiß von deiner Enttäuschung?

717
Sprichst du offen über deine vergangenen Enttäuschungen?

718
Schämst du dich für deine Vergangenheit?

719
Schämst du dich dafür, enttäuscht worden zu sein?

720
Bietet dir die Enttäuschung einen Platz zum Ausruhen?

721
Welche Enttäuschung konntest du loslassen, um unbeschwerter weiterzugehen?

Es ist mein Recht, mir das Leben schwer zu machen.

Schuld

Wer ist schuld?

Bist du richtig?

722
In Gesellschaft welcher Personen fühlst du dich falsch?

723
In welchen Situationen fühlst du dich falsch?

724
Fühlst du dich immer falsch?

725
Wofür schämst du dich offen?

726
Wofür schämst du dich versteckt?

727
Was empfindest du gegenüber Menschen, die sich nicht schämen?
Empörung?
Bewunderung?

728
Wofür schämst du dich am meisten?
Übertriebenen Ehrgeiz?
Arroganz?
Neid?
Geiz?
Sucht?

729
Was versteckst du?
Schlechten Charakter?
Mangelnde Fähigkeiten?

730
Wie versteckst du deine Makel?

731
Wie gut gelingt das Verstecken?
Hast du es unter Kontrolle?

732
Wie viel Anstrengung kostet es dich, vor anderen zu verstecken, wie falsch du bist?

733
Versuchst du durch deine Arbeit zu zeigen, dass du wertvoll und richtig bist?

734
Würdest du einen anderen Beruf wählen, wenn du nichts beweisen müsstest?
Welcher wäre das?

**Versuche nicht richtig zu sein.
Du bist richtig.**

Bist du Mitglied im Ratschlägertrupp?

735
Was bekommst du,
wenn du Ratschläge gibst?

736
Gibst du Ratschläge, ohne um
Rat gefragt worden zu sein?

737
Traust du der Person weniger zu,
als du dir selbst zutraust?

738
Wenn andere sich schlecht
fühlen, fühlst du dich dann
besser?

739
Magst du dich selbst,
wenn du dich dabei ertappst,
andere nicht zu mögen?

740
Wenn jemand dich nervt,
was nervt dich an dir selbst?

741
Wenn dich die gute Laune
anderer nervt, was tust du?

742
Gehst du, wenn du dich über
jemanden ärgerst?

743
Ist geteiltes Leid halbes Leid,
wenn du das Leid verursachst?

744
Wie verkleidet sich dein
gekränktes Ego?
Mit Wut?
Mit Tränen?

745
Wie kommst du gegen
passiv-aggressive Tränen an?

746
In welchen Situationen bist du
am wütendsten?
Im Leben?
In deiner Arbeit?

747
Wie schaffst du es, nicht wütend
zu werden, wenn jemand
wütend auf dich ist?

748
Leidest du unter anderen?

749
Selbstmitleidest du unter
anderen?

50 % des Problems bist du.

Wie wahr es wirklich?

750
Zweifelst du an
deiner Wahrnehmung?

751
Wie reagierst du, wenn jemand die gleiche Situation anders wahrgenommen hat?

752
Versuchst du, die anderen von deiner Perspektive zu überzeugen?

753
Wie sehr glaubst du deiner eigenen Perspektive?

754
Spult dein Kopf die gleiche Geschichte wieder und wieder ab?

755
Kommen neue Details hinzu?

756
In welchem Konflikt hast du zuletzt einen Perspektivwechsel geschafft?

757
Ist dein Ego flexibel genug, um die andere Seite zu verstehen?

758
Wie überwindest du den Trotz?

759
Kannst du dein Gesicht wahren? Auch wenn deine Vision der Geschichte nicht als allgemeingültige Wahrheit akzeptiert wird?

760
Erlaubst du anderen, ihr Gesicht zu wahren?
Wie?

761
Wie kommt ihr nochmal zusammen, wenn sich die unterschiedlichen Perspektiven nicht angleichen lassen?

762
Wie kommst du darüber hinweg?
In der Liebe?
In der Arbeit?

763
Behältst du lieber Recht oder die Freundschaft?

Wahrheit, my Ass.
Alle haben Recht.

Wie viele Runden drehst du?

764
Schläfst du gut?

765
Stresst dich heute schon der Stress von morgen?

766
Tun dir heute schon die Arme weh, wenn du morgen umziehen wirst?

767
Wenn du deine Grübeleien aufschreibst, werden sie dir vom Papier abgenommen?

768
Wie kommst du aus dem Grübeln raus?

769
Warum ist nachts grübeln so viel schlimmer als tags?

770
Ist tags grübeln Nachdenken?

771
Grübelst du über Dinge, die passieren oder über Dinge, die passieren könnten?

772
Lässt du deine Mitmenschen an deinen Grübeleien teilhaben?

773
Musst du ein Problem erst durchgegrübelt haben, um darüber zu sprechen?

774
Wenn man deine Gedanken 24 Stunden lang mitschneiden würde: Was würde sich wiederholen?

775
Mit welchen deiner Mitmenschen streitest du in deinem Kopf?

776
Gewinnst du in den Kopfdiskussionen?

777
Verlegst du den Schauplatz der Diskussion von deinem Kopf in die Realität?

778
Drehst du viele Runden in deinem Kopf, bevor du jemanden konfrontierst?

Jemanden mitnehmen bringt nur etwas, wenn du keine Runden drehst.

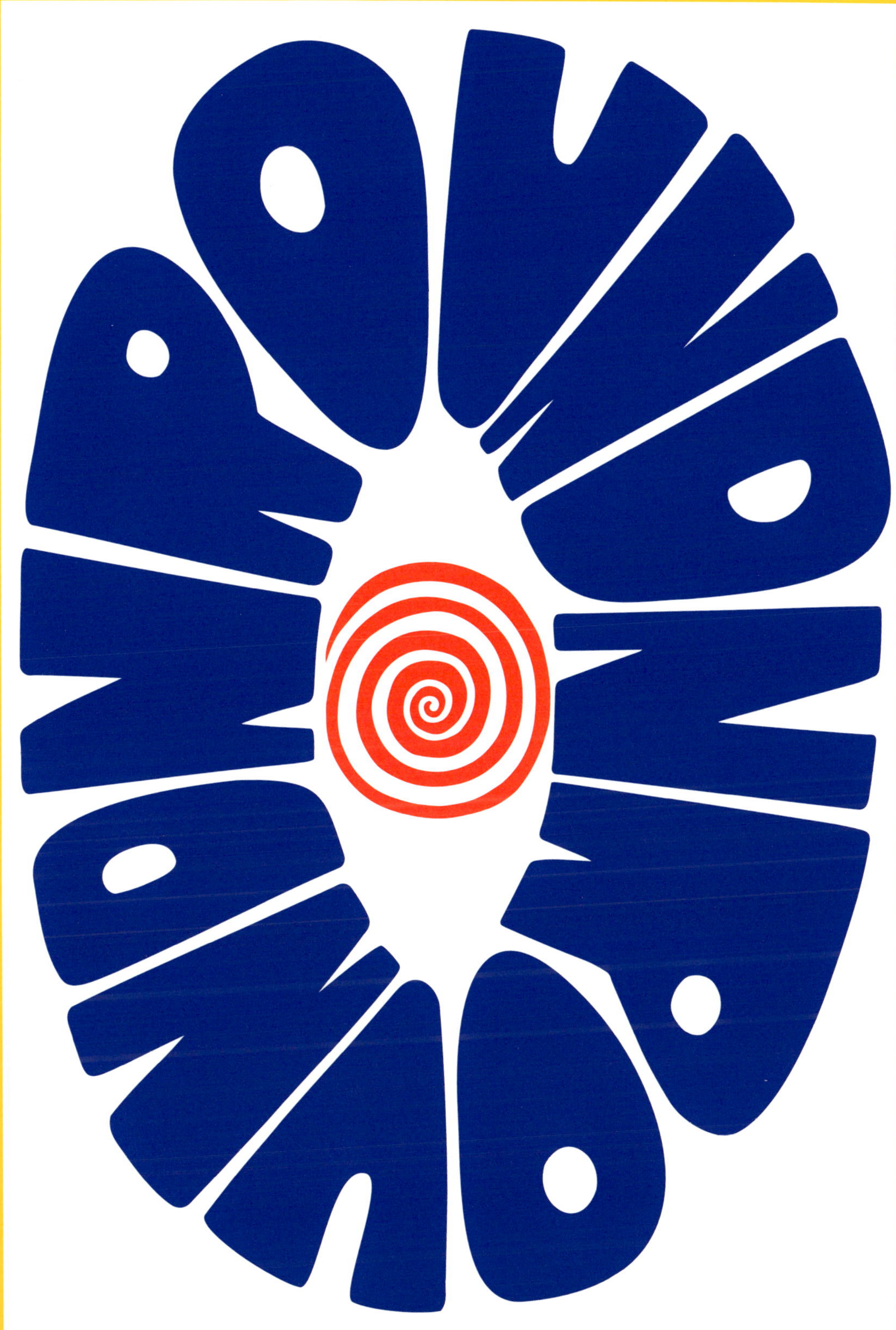

Einsamkeit

Bist du ganz allein?

Wen hast du dir schon einverleibt?

779
Wie schaffst du die sanfte Landung nach dem ersten Hoch einer neuen Beziehung oder Zusammenarbeit?

780
Wie verkraftest du das gebrochene Herz, wenn es zum ersten Mal zu Problemen kommt?

781
War das erste Hoch nicht echt, wenn es zu Problemen kommt?

782
Wie gelingt es dir, Worte zu finden, wenn bisher alles wunsch- und wortlos glücklich war?

783
Was passiert, wenn es dir nicht gelingt?

784
Mit wem stimmt was nicht?
Mit dir?
Mit der Situation?

785
Wie viel Einfluss möchtest du auf andere haben?

786
Mit wem bist du verschmolzen?

787
Bist du gerne mit jemandem verschmolzen?
Für wie lange?

788
Kannst du bewusst verschmelzen?

789
Wie verschmolzen bist du mit deiner Arbeit?

790
Rettet dich Arbeit über Einsamkeit hinweg?

791
Ist Arbeit der Grund für deine Einsamkeit?

792
Bist du alleine ganz?

Wir zwei sind Einheitsbrei.

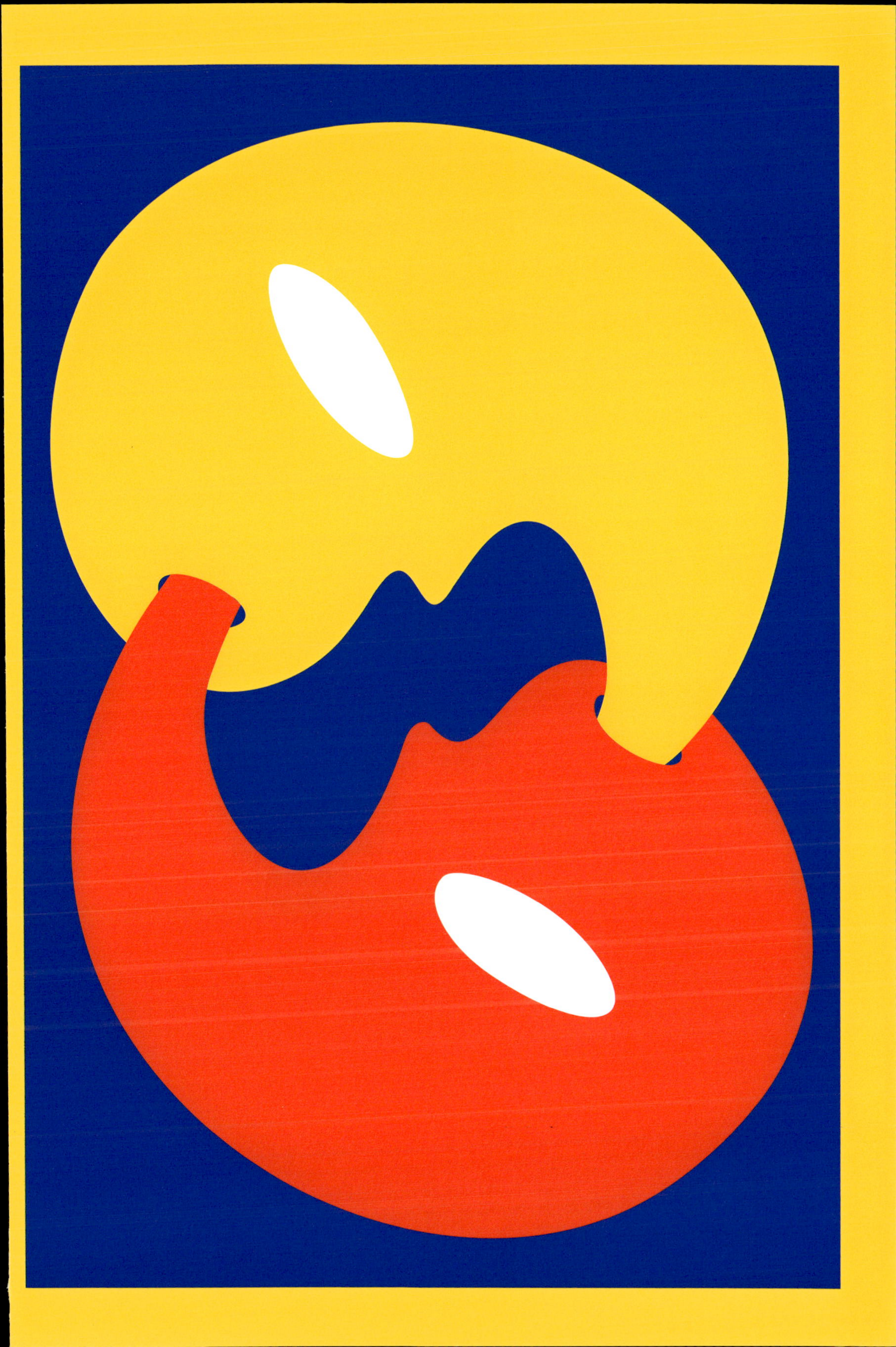

Wie hoch sitzt du auf deinem Streitross?

793
Wie streitest du?
Konstruktiv?
Destruktiv?

794
Macht dir Streiten Angst?

795
Ist dir Nichtstreiten wichtig?

796
Was bricht zusammen,
wenn du streitest?

797
Fühlst du im Streit
den Liebesentzug?

798
Welche Art von Beziehung
erträgt keine Uneinigkeit?

799
Wie hältst du einen Konflikt aus?

800
Wie lange hältst du einen
Konflikt aus, bis du einknickst?

801
Gibst du häufig klein bei?

802
Streitest du so lange,
bis die anderen klein beigeben?

803
Streitest du lieber,
als keine Aufmerksamkeit
zu bekommen?

804
Denkst du in Konfliktsituationen,
du seist weiser als die anderen
oder ist das dein Ego?

805
Bist du beleidigt, wenn andere
sich konstruktiver verhalten,
als du es ihnen zugestanden hast?

806
In welcher Situation hast du
es geschafft, liebevoll uneins
zu sein?

807
Kannst du dich entschuldigen?

Liebevoll uneins sein.

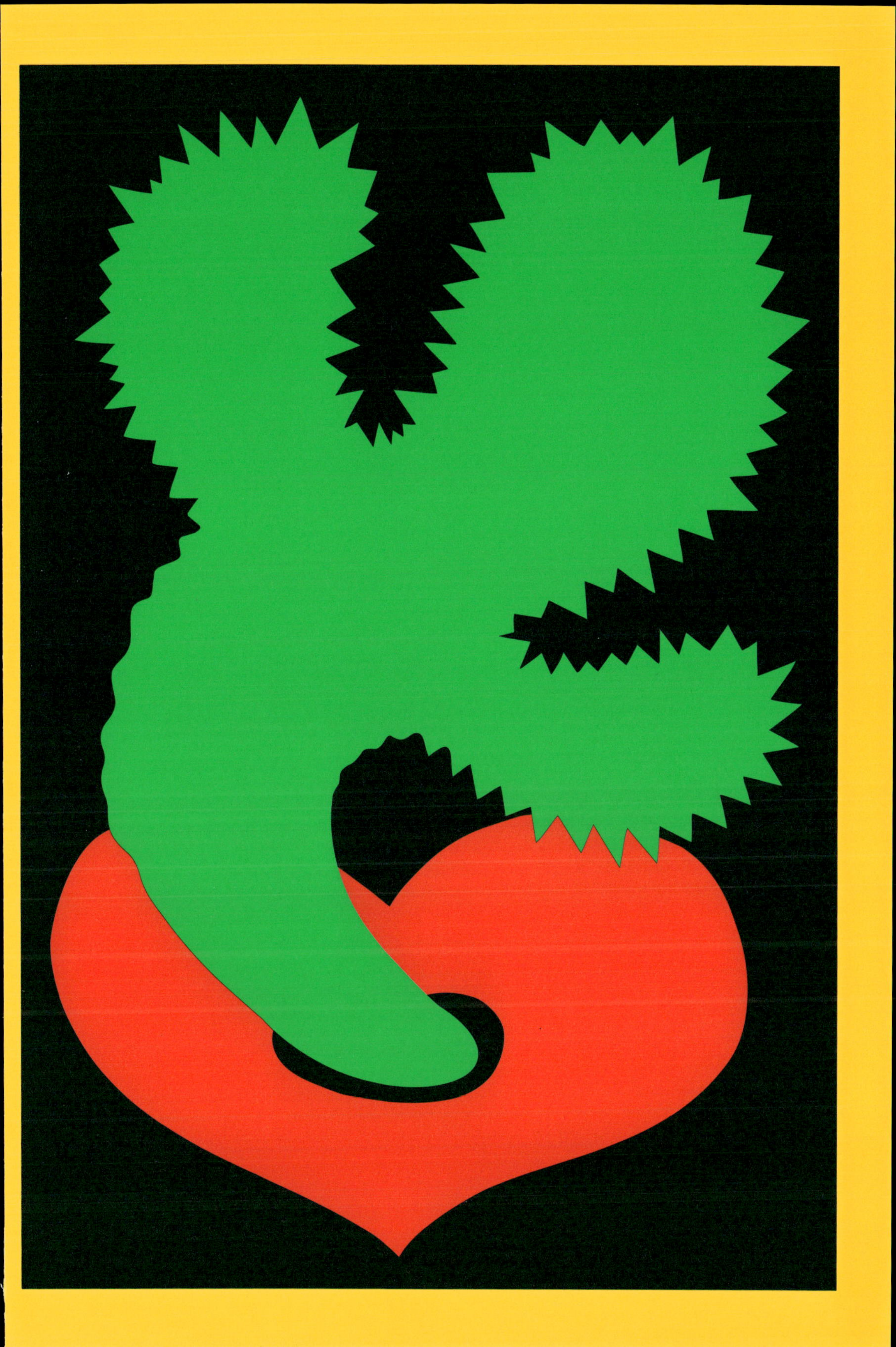

Hast du dich blind gesehen?

808
Wirst du gesehen?

809
Wie wirst du gesehen?

810
Verstehen deine Lieben dich?

811
Suchst du den Dialog,
bis sie dich verstehen?
Gibt es Raum dafür?

812
Merkt dein Umfeld,
wenn du dich verändert hast?

813
Wie reagierst du,
wenn du dich verändert hast
und niemand es sieht?

814
Hast du dich dann verändert?

815
Dürfen sich andere verändern?

816
Gibst du dir Mühe,
gesehen zu werden?
Wie?
Und wo?

817
In welchen Bereichen
kostet es dich mehr Kraft,
gesehen zu werden:
in der Arbeit oder privat?

818
Wird deine Arbeit gesehen?

819
Wird deine Arbeit verstanden?

820
Hat sich deine Arbeit in den
letzten drei Jahren verändert?

821
Wo sieht man deine Arbeit?

822
Sehen genug Menschen
deine Arbeit?

823
Wirst du übersehen?

Schenke jedem den frischen Blick, mit dem du selbst betrachtet werden willst.

BLIND

Legst du den Kopf schief?

824
Entschuldigst du dich
für deine Meinung?

825
Entschuldigst du dich im Alltag
für Nichtigkeiten?

826
Entschuldigst du dich
für Charakterzüge von dir?

827
Entschuldigst du dich im
Voraus, um etwaige Kritik
abzumildern?

828
Entschuldigst du dich lieber,
bevor du verlassen wirst?

829
Ist die Meinung anderer mehr
wert als deine eigene?

830
Wessen Bewertung nimmst du
über dich an?

831
Wessen Bewertung nimmst du
über dich nicht an?

832
Wie sehr kann sich deine Würde
krümmen?

833
Wer zahlt, wenn du
deine Integrität verletzt hast?
Du?
Lässt du andere bezahlen?

834
Auf wen oder was musstest
du schon verzichten, um deine
Integrität zu wahren?

835
Hast du Prinzipien?
Welche?

836
Für wen würdest du
auf keinen Fall arbeiten?
Theoretisch?
Und wenn die Anfrage kommt?

Du bist die oberste Instanz für die Bewertung deiner Person.

Verlust

Bist du verloren?

Bist du erfolgreich gescheitert?

837
Was ist Scheitern?

838
Bist du schon mal gescheitert?
An was?
An wem?

839
Wann wurdest du das letzte Mal gezwungen aufzugeben?

840
Von wem oder was wurdest du gezwungen?
Von deinem Körper?
Von einer Person, die nicht mehr mitgemacht hat?
Durch Geldmangel?

841
Fühlst du dich vom Scheitern bedroht?
Warum?

842
Hast du Angst, an deinen eigenen Erwartungen zu scheitern?

843
Hast du Angst, an gesellschaftlichen Erwartungen zu scheitern?

844
Bist du gescheitert, wenn es zu Trennungen in deinen Liebes- und Arbeitsbeziehungen kommt?

845
Ist das in deiner Geschichte für immer ein Makel?

846
Was empfindest du, wenn du jemanden scheitern siehst?
Angst?
Schadenfreude?
Mitgefühl?

847
Fühlst du dich verantwortlich für das Scheitern der anderen?

848
Kannst du schamlos scheitern?

849
Wann empfandest du Scheitern als Erleichterung, weil die Anstrengung, das Scheitern zu verhindern, ein Ende fand?

Leg ruhig mal einen dicken Scheiterhaufen.

Traust du dich, zu trauern?

850
Hast du endlich hingeschaut?

851
Ist es jetzt wirklich vorbei?

852
Kannst du jetzt trauern?

853
Um was oder wen hast du zuletzt getrauert?

854
Wie hast du getrauert?

855
Hast du ein Trauerritual?

856
Wie viel Raum darf deine Traurigkeit einnehmen?

857
Schützt du andere vor deiner Traurigkeit?

858
Möchtest du vor der Traurigkeit anderer geschützt werden?

859
Wie lange hält dich die Wut von der Traurigkeit ab?

860
Was machst du, wenn alles ruhig geworden ist?

861
Wie tröstest du dich selbst?

862
Lässt du dich trösten?

863
Kannst du dich selbst trösten oder können andere das besser?

Wenn du die Trauer nicht rauslässt, bleibt sie für immer in dir drin.

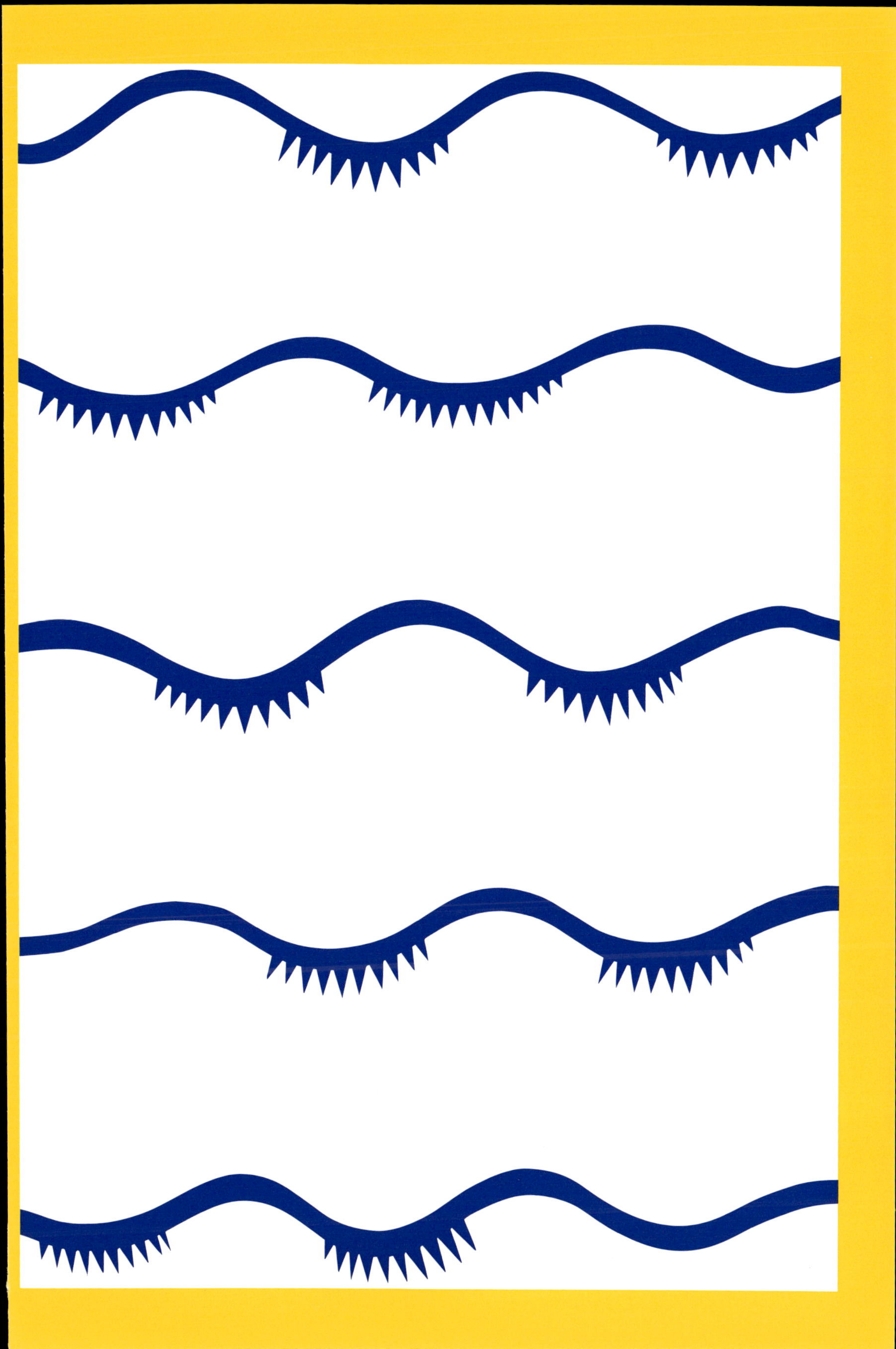

Kapitulierst du vor dem Kummer?

864
Wenn der Kummer kommt, weichst du aus?

865
Wie lange versuchst du mit Alkohol und anderen Ablenkungen dem Kummer auszuweichen?

866
Wie lenkst du dich ab?

867
Wann kapitulierst du vor dem Kummer und akzeptierst die Scheiße?

868
Was passiert, wenn du nicht akzeptierst?
Was ist die Alternative?

869
Nach der Kapitulation:
Wie erträgst du die unerträglichen Kummertage?

870
Hältst du durch?

871
Gehst du wieder zurück?
Zum Ex, zur Ex?
Zur alten Gewohnheit?

872
Wie überredest du dich zum Durchhalten?
Indem du weißt, dass es vorübergeht?
Indem du einen Freund oder eine Freundin bittest, dir beizustehen?

873
Wie bist du mit deinem letzten großen Kummer umgegangen?

874
Mit wem hast du ihn geteilt?

875
Was hat dir geholfen?

Halte durch!

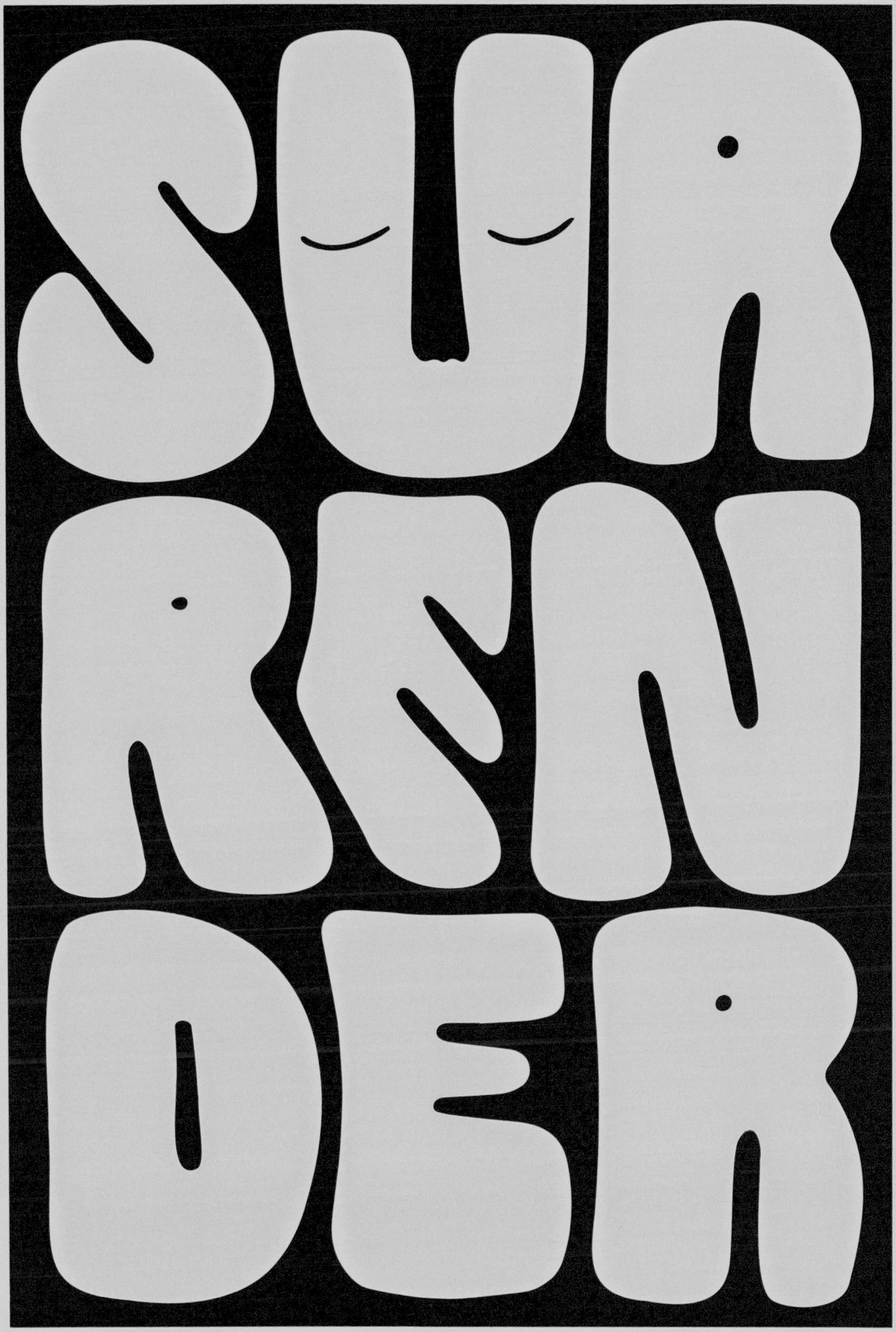
SUR
REN
DER

Lässt du los?

876
Wann ist es Mut?

877
Wann ist es Verzweiflung?

878
Ist dein Loslassen aktiv
oder passiv?

879
Wenn du dein Leben änderst,
war dann alles davor schlecht?

880
Hast du das Gefühl abzuhauen?

881
Hast du noch Kontakt
zu Menschen aus früheren
Lebensphasen?

882
Was musstest du zuletzt
loslassen?
Die Vorstellung von einer
Zukunft?
Die Vergangenheit?

883
Ist Vergessen das ultimative
Loslassen?

884
Hältst du fest,
um nicht zu vergessen?

885
Lässt du los,
um dich zu beschützen?

886
Wie kannst du ohne Schuld
weiterziehen?

887
Warum willst du weiterziehen?
Weil du etwas Neues machen willst?
Weil das Alte nicht mehr passt?

888
Was ist in der Mitte,
zwischen Loslassen und Festhalten?

889
Kannst du loslassen und trotzdem
verbunden bleiben?

890
Hast du dich nach dem Loslassen
freier gefühlt oder wog der Verlust
schwerer als die Freiheit?

**Wenn du loslässt,
hast du die Hände frei.**

Wachstum

Schmerz oder Wachstumsschmerz?

Bist du schmerzlos glücklich?

891
Zu wie viel Prozent bestehst du gerade aus Schmerz?

892
Liegen in den schmerzvollen Episoden deines Lebens heute trotzdem gute Erinnerungen?

893
Wie lang sind deine Freudenminuten?

894
Wie lang sind deine Schmerzminuten?

895
Bist du dir der Intensität der Schmerzminuten bewusst?

896
Kannst du auch leidvolle Zeiten zu einem gewissen Grad genießen?

897
Bist du in Krisen zu Hause?

898
Bist du gut in Krisen?

899
Ist dir im Leid wenigstens nicht langweilig?

900
Was machst du in Krisen mit der Schmerzenergie? Kannst du sie nutzen?

901
Profitiert deine Arbeit davon?

902
Bist du nach einer Krise weiser geworden? Oder weicher?

Im schlimmsten Schmerz bist du absolut da.

Substanzt du mit dem Schmerz?

903
Wer führt, du oder der Schmerz?

904
Kannst du unterscheiden zwischen dem, was du brauchst und dem, was du willst?

905
Was willst du?

906
Was brauchst du?

907
Was war in schmerzvollen Episoden wichtig?

908
Was wurde in schmerzvollen Episoden plötzlich unwichtig?

909
Hat schon einmal alles so weh getan, dass du nichts mehr aufrecht erhalten konntest als dich selbst?

910
In welcher Situation?
Liebeskummer?
Jobverlust?
Verlust eines geliebten Menschen?

911
Was blieb von dir übrig?

912
Mochtest du, was übrig blieb?

913
War das dein Kern?

914
Wurde dein Ego vom Schmerz weggeschmolzen?

915
Kann man deinen Kern in deiner Arbeit finden?

Was aus deinem Kern entsteht, ist künstlerisch. Alles andere ist künstlich.

Dehnst du dich?

916
Bist du abgehärtet –
oder weich geworden?

917
Bist du hart im Nehmen?

918
Bist du hart im Leben?

919
Bist du über die Jahre
unflexibler geworden?

920
Wie viel Bequemlichkeit
brauchst du?

921
Bist du schon alt?

922
Bist du noch neugierig?

923
Nimmst du dafür
Unbequemlichkeit
in Kauf?

924
Was überwiegt bei
Veränderung:
Schmerz oder Neugier?

925
Bist du bereit,
dich in Situationen zu begeben,
die dir unbekannt sind?

926
Bist du bereit,
Menschen zu begegnen,
die du nicht einschätzen
kannst?

927
Hat der Schmerz dich gerüstet
für die Widrigkeiten eines
erfüllten Lebens?

928
Kannst du heute besser Kritik
annehmen als noch
vor drei Jahren?

929
Kannst du jetzt besser mit
Menschen zusammenarbeiten
als noch vor drei Jahren?

930
Trainierst du dein Ego,
damit es geschmeidiger wird?

Lebensgymnastik bis ans Ende.

Bist du mehr als der Schmerz?

931
Merkst du Menschen an, ob sie schon einmal sehr gelitten haben?

932
Haben die Menschen dann eine gewisse Tiefe?

933
Wünschst du dir, weniger gelitten zu haben?

934
Musst du in den Abgrund gesehen haben, um Tiefe zu bekommen?

935
Hast du deine Tiefe schon erkunden können?

936
Was hast du gefunden?

937
Wenn du großen Schmerz erfahren hast, nimmt dir diese Erfahrung die Angst vor erneutem Schmerz oder hast du nun mehr Angst?

938
Wie kreativ ist deine Freude?

939
Wie kreativ ist dein Schmerz?

940
Was muss dringender aus dir raus: Freude oder Schmerz?

941
Ist es dir unangenehm, wenn man deiner Arbeit ansieht, dass du gelitten hast?

942
Wieviel Persönliches lässt du in deiner Arbeit erkennen? Freiwillig oder unfreiwillig?

943
Kannst du ein*e glückliche*r (Lebens-)Künstler*in sein?

Mit Tiefe hast du mehr Platz.

DEEP

Lie

be

Wie vernünftig bist du?

Sind die Koffer gepackt für die Liebe?

944
Weißt du, was du nicht kannst – und wer du nicht bist?

945
Ist das Befreiung oder Qual?

946
Erschrickt dich der Gedanke, mittelmäßig zu sein?

947
Was ist schön am Mittelmaß?

948
Bist du in dein Leben involviert?

949
Was wird dir geschenkt, wenn du zu strampeln aufhörst?

950
Was wird dir geschenkt, wenn du dich von dem Wunsch befreist, besonders zu sein?

951
Wann lässt du den großen Schmerz los, um Hoffnung in den Händen zu halten?

952
Was willst du mitnehmen, in dein neues Leben?

953
Was lässt du zurück?
Geld?
Macht?
Ansehen?

954
Für was hast du Platz geschaffen?

955
Wie füllst du dein neues Leben?

Keine Angst vorm alten Leben. Nimm mit, was dir gefällt.

I'm in

Land in Sicht?

956
Wen siehst du in Zukunft an deiner Seite?

957
Welche Arbeit verrichtet dein Zukunfts-Ich?

958
Wo wohnt dein Zukunfts-Ich?

959
Ist dein Zukunfts-Ich zufrieden?

960
Ist dein Kompass auf Karriere, Kinder oder auf beides ausgerichtet?

961
Hast du eine Vision, in der du dich weder auf Kinder noch auf Karriere fokussierst?

962
Wer kennt deine Vision?

963
Wer unterstützt dich auf deinem Weg?

964
Ist dein Ziel ein Geheimnis?

965
Wie lange bleibt es ein Geheimnis?

966
Begleiten und unterstützen dich andere auf deinem Weg?

967
Sehen andere einen ähnlichen Weg für dich?

968
Kostet es dich viel Kraft, gegen die Meinung anderer zu reiten, oder kräftigt es dich?

969
Wenn der Weg vor dir verschwimmt, welcher Mensch gibt dir die Kraft, Schwierigkeiten zu überstehen?

Da spürt kein Weg dran vorbei.

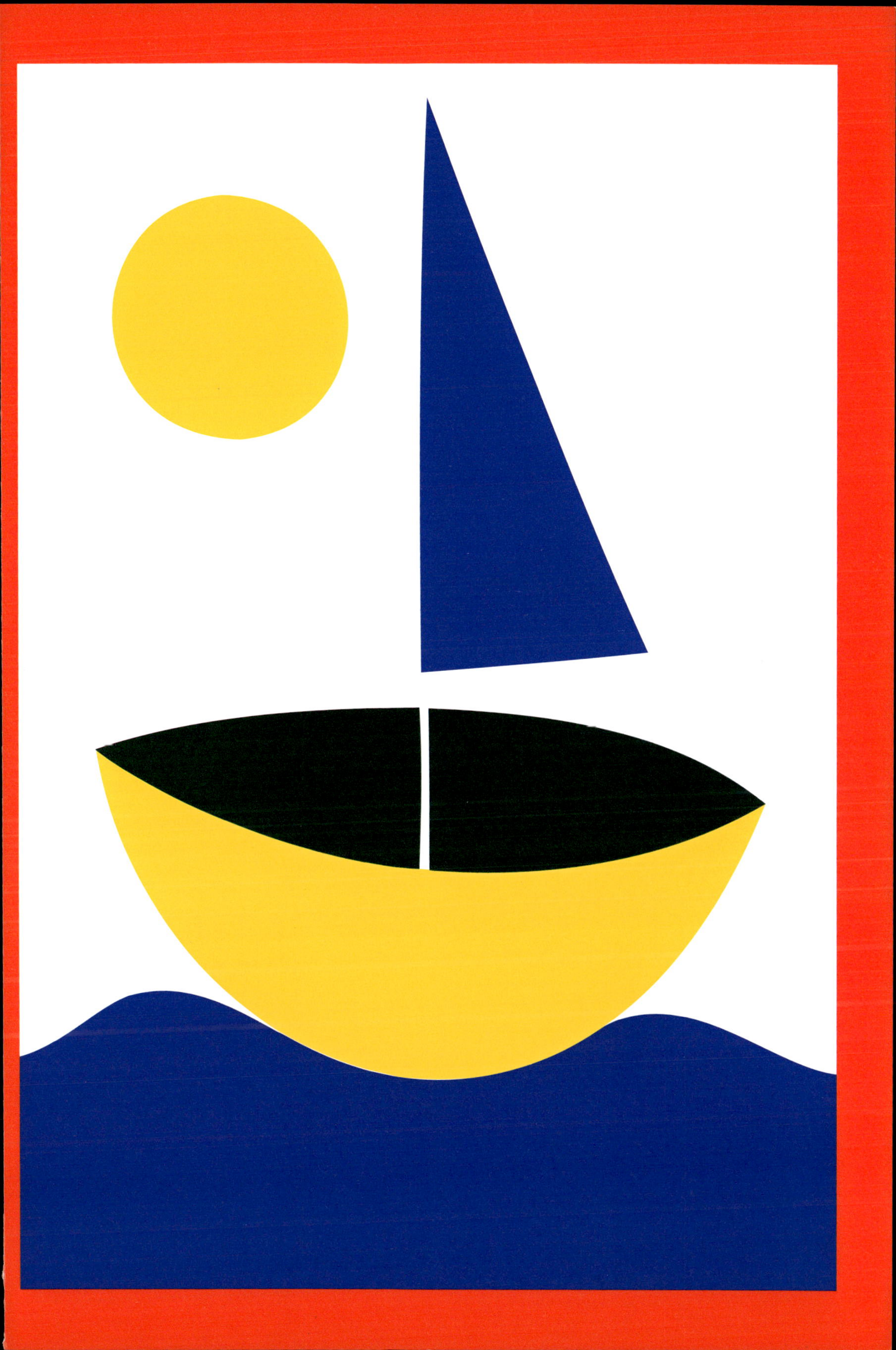

Flanierst du über den Rummel des Lebens?

970
Bist du gut gesichert –
auf der Achterbahn
deiner Gefühle?

971
Wie gut kannst du deine Hochs
und Tiefs einordnen?

972
Gelingt es dir, den Ursprung
deiner Gefühle zu erspüren?

973
Kannst du deine Gefühle
beobachten?

974
Kannst du an schlechten Tagen
auf die Zuversicht bauen,
dass es morgen besser wird?

975
Innerhalb welchen Zeitraums
bewertest du deine
Gemütslage?
Innerhalb einer Stunde?
Eines Tages?
Einer Woche?

976
Was regelt sich von selbst?

977
Wann ist nichts tun das Beste,
was du tun kannst?

978
Wie oft denkst du heute,
dass du dich gestern zu sehr
aufgeregt hast?

979
Würden andere dir mehr
Gelassenheit wünschen?

980
Bist du von Natur aus gelassen?

981
Hast du dir deine Gelassenheit
erarbeitet?

Auf und nieder immer wieder.

Wie diszipliniert folgst du den guten Gedanken?

982
Bist du dir deiner Gedanken bewusst?

983
Kannst du sie lenken?

984
Kannst du relevante Gedanken von irrelevanten Gedanken trennen?

985
Kannst du dich auf die jetzt relevanten Gedanken konzentrieren?

986
Kannst du dich auf die schönen Gedanken konzentrieren?

987
Wenn du den schlechten Gedanken gefolgt bist, wie findest du wieder zurück?

988
Wie diszipliniert tust du dir Gutes?

989
Ist Disziplin dein inneres Gerüst oder deine äußere Rüstung?

990
Weißt du, was dir guttut, bevor es sich gut anfühlt?

991
Hast du dein Leben so gestaltet, dass du musst, was du willst und willst, was du musst?

992
Wenn du einmal daneben trittst, kannst du trotzdem lieb zu dir sein?

Es geht mir gut und das ist harte Arbeit.

Glaubst du an ein freundliches Universum?

Wird schon werden oder du machst das schon?

993
Wer glaubt an dich?

994
Glaubst du an dich?

995
Woran machst du das fest?

996
Wie erinnerst du dich daran,
dass du an dich glaubst,
wenn du es mal vergessen hast?

997
An was glaubst du?
An deine Fähigkeiten?
An das Schicksal?
An Gott?

998
Wem vertraust du?
Deinen Fähigkeiten?
Deinen Freund*innen?
Deinem inneren Wissen?

999
Auf was vertraust du?

1000
Glaubst du, das Universum
meint es gut mit dir?

1001
Wann hat das Universum
es zuletzt gut mit dir gemeint?

1002
Hast du das direkt gemerkt
oder erst später?

1003
Glaubst du an eine gute
Zukunft?

1004
Bist du zuversichtlich,
dass dein Zukunfts-Ich
deine Probleme lösen wird?

1005
Musst du für eine gute Zukunft
viel tun oder wird alles gut?

1006
Bist du optimistisch?

Ich glaube, das wird gut.

Verbündest du dich mit der Welt?

1007
Wie hältst du dein Ego
vom Zäunebauen ab?

1008
Mit wem fühlst du dich
verbunden?
Wodurch?

1009
In welcher Situation besonders?
Im Gespräch?
Bei der Zusammenarbeit?
Beim Tanzen?

1010
Verbindest du dich gern?
Durch Helfen?
Durch das Annehmen von Hilfe?

1011
An wem wächst du?

1012
Wer wächst an dir?

1013
Ist das die gleiche Person?

1014
Mit was fühlst du dich
verbunden?
Mit deiner Arbeit?
Mit deinem Besitz?

1015
Teilst du gerne?

1016
Was teilst du gerne?

1017
Fühlst du dich mit der Welt
verbunden?

1018
Wann genau?
Wenn du etwas Gutes tust?
Wenn du in einer
Menschenmenge schwimmst?
Wenn du im Wald spazieren
gehst?

1019
Macht die Welt Sinn für dich?

Bist du unendlich da?

1020
Wo hört die Welt auf?

1021
Wo hört deine Welt auf?

1022
Wo fühlst du dich klein?
Wo fühlst du dich groß?
Am Meer?
In den Bergen?
In der Großstadt?

1023
Ist der Gedanke,
ein winzigkleiner Bruchteil
dieser Welt zu sein,
angenehm oder beängstigend?

1024
Wie gelingt es dir,
einen Schritt zurückzutreten?
Von deinem Ego?
Von deinen Problemen?

1025
Werden deine Probleme kleiner,
wenn du dir bewusst machst,
wie groß die Welt ist?

1026
Wenn du daran denkst,
dass Tausende von Menschen
ein ähnliches Problem haben
wie du – ist das tröstlich oder
macht es deinen einzigartigen
Schmerz kleiner?

1027
Beruhigt dich der Gedanke,
dass es immer weitergehen wird
oder fühlst du dich dann
machtlos?

1028
Was kommt nach den
Menschen?

1029
Was kann nicht aufgebraucht
werden?
Liebe?
Zeit?
Energie?

1030
Was kann nicht festgehalten
werden?
Liebe?
Zeit?
Energie?

Gehirnurlaub im Universum.

Magst du Menschen?

1031
Ist die Welt schön?

1032
Findest du dich schön?

1033
Was genau findest du
an dir schön?
Außen?
Und innen?

1034
Was rührt dich?

1035
Was findest du schön,
das andere nicht schön finden?

1036
Was lässt dein Herz
höher schlagen?
Ein schönes Objekt?
Die Natur?

1037
Was ist das schönste Gefühl,
das du kennst?

1038
Welcher war dein schönster Tag?

1039
Wie hältst du einen schönen
Augenblick fest?
Mit einem Foto?
Mit einer Erinnerung?

1040
Wer ist der schönste Mensch,
den du kennst?

1041
Was ist dein Beitrag
zur Schönheit der Welt?

1042
Was kann nicht verbessert
werden?

Schon schön.

Staunen

Wie schön ist das denn, bitte?

Was macht langsam mehr Freude?

1043
Wie sieht dein gemütlichster Müßiggang aus?

1044
Wann hast du zuletzt etwas verpasst, weil du zu langsam warst?

1045
Wann hast du zuletzt etwas verpasst, weil du zu schnell warst?

1046
Nerven dich langsame Menschen?

1047
Versuchst du schneller zu sein?

1048
Versuchst du langsamer zu sein?

1049
Sammelst du vorzeigbare Beweise deiner Aktivität?

1050
Wartest du, bis die Ereignisse zu dir kommen oder gehst du sie suchen?

1051
Kannst du gut zuhören?

1052
Bist du geduldig?

1053
Nimmst du dir die Zeit, geduldig zu sein?

1054
Hast du aufgehört, dich zu beeilen?

1055
Hast du dein Lebenstempo gefunden?

1056
Kann die Welt schneller oder langsamer sein als du, ohne dass du dich gebremst oder gedrängt fühlst?

Mach es dir gemütlich in einem Bett aus Zeit.

Ist dein Leben einfach schwer in Ordnung?

1057
Wie stellst du dir
ein einfaches Leben vor?

1058
Hattest du früher
ein einfacheres Leben?

1059
Wann wurde dein Leben
weniger einfach?

1060
Wünschst du dir
ein einfacheres Leben?

1061
Auf was könntest du
nicht verzichten?

1062
Auf was könntest du
verzichten?

1063
Auf was konzentrierst du
dich gerade?
Bei der Arbeit?
Zu Hause?

1064
Machst du es dir einfach?
Ist das gut oder schlecht?
Fällt dir das schwer?

1065
Kannst du dein Leben
überblicken?
Deine Möglichkeiten?
Deine Dinge?
Deinen Lebensweg?

1066
Wie viel passt in dein Leben?

1067
Mit was ist dein Leben gefüllt?

1068
Dekorierst du dich und deine
Umgebung, um zu kaschieren
oder um zu betonen?

Einfach ist nicht leicht, weil auf den Punkt.

Bist du hungrig?

1069
Hast du Lust auf etwas Neues?

1070
Traust du dich in die Opulenz des Lebens?

1071
Hast du mehr oder weniger Hunger als noch vor drei Jahren?

1072
Hast du Fernweh?

1073
Wann wurde dein Appetit zuletzt größer als die Angst?

1074
Langweilst du dich?

1075
Langweilst du andere?

1076
Wie oft langweilst du dich?

1077
Was machst du dann?

1078
Gefällt dir dein Alltag?

1079
Wie lange ist das schon dein Alltag?

1080
Was möchtest du an deinem Alltag verändern?

1081
Wieviel Abwechslung braucht dein Alltag, um freudvoll zu bleiben?
Kurzurlaube?
Feiern gehen?
Neue Tattoos?

1082
Was hast du zuletzt verändert, um deinen Appetit zu stillen?

1083
Reicht manchmal schon die Möglichkeit zur Veränderung, um satt zu werden?

Du darfst die ganze Opulenz des Lebens wollen.

Stehst du dankbar auf?

1084
Für was bist du dankbar?

1085
Wie äußert sich
deine Dankbarkeit?

1086
Bist du dankbar, da zu sein?

1087
Warst du schon einmal nicht
dankbar, da zu sein?

1088
Wem dankst du?
Dir selbst?
Dem Universum?
Deiner Mutter?
Gott?

1089
Bist du deiner Familie dankbar?
Für was?

1090
Für welche deiner
Eigenschaften bist du dankbar?

1091
Kannst du für einen Bereich
deines Lebens dankbar sein,
auch wenn es in einem anderen
Probleme gibt?

1092
Wie gut muss dein Leben
in Gänze sein, damit sich
Dankbarkeit einstellt?

1093
Wer hört deine Dankbarkeit?

1094
Musst du überhaupt dankbar
sein, wenn du dir alles selbst
erarbeitet hast?

1095
Wenn es dir gut geht,
gibst du davon etwas weiter?
Was?
Wie?
Heimlich oder öffentlich?

1096
Kannst du dich freuen,
ohne dankbar zu sein?

Danke, Leben.

Spaß

Ist es Arbeit, wenn es Spaß macht?

Hattest du schon Sex mit Moos?

1097
Was fasst du am liebsten an?

1098
Welche Berührung, außer einer menschlichen, bringt dein Blut in Wallung?

1099
Welche Farben, welche Gerüche wecken deine Lebenslust?

1100
Fühlen sich deine Tage lebendig und bunt an?

1101
Wie kannst du den ganzen Tag mit Ohren, Augen, Herz und Kopf wachsam bleiben?

1102
Welche kleinen Ausreißer durchbrechen deine Routinen?

1103
Gönnst du deinem Tastsinn genug Schönheit?

1104
Ist dein Herz klüger als dein Kopf?

1105
Sind dein Herz und dein Kopf gut ausbalanciert?

1106
Fühlst du genug?
Wird dir genug Gefühl entgegengebracht?

1107
Was fühlst du, wenn du Leute beobachtest, die genießen?

1108
Kannst du besser allein oder gemeinsam genießen?

1109
Spazierst du dich zufrieden?

1110
Legst du dich ab und zu in die Badewonne?

Sinnlichkeit ist Konzentration auf alles zu seiner Zeit.

Hast du genug Spielplatz?

1111
Hast du ausreichend Auslauf?

1112
Vergnügst du dich selbst?

1113
Vergnügen andere dich?

1114
Wie vergnügst du dich?

1115
Wann fühlst du dich ganz leicht?

1116
Hast du jeden Tag Spaß?

1117
Ist es dein Ziel,
jeden Tag Spaß zu haben?

1118
Lachst du genug?

1119
Über was lachst du alleine?

1120
Mit wem kannst du
am besten lachen?

1121
Mit wem fühlst du dich
am leichtesten?

1122
Genießt du die guten Tage,
im Wissen, dass die schlechten kommen?

1123
Suchst du nach dem Haken,
wenn die Leichtigkeit kommt?

1124
Was macht dich froh, das nichts
mit schauen, essen, trinken,
kaufen oder rauchen zu tun hat?

1125
Wie fühlt es sich an, wenn es dir gut geht?
Kribbelt es?
Ist dein Kopf ganz leicht?

Hüpf, hüpf, hurra!

Bist du zufallsichtlich?

1126
Ergreifst du Gelegenheiten?

1127
Hast du dir den glücklichen Zufall erarbeitet?

1128
Welche Glücksmomente behältst du für dich?

1129
Wie reich wirst du vom Leben beschenkt?

1130
Schenkt das Leben dir Gelegenheiten, die du nicht verlangt hast, die dir aber guttun?

1131
Wie oft denkst du, dass du Glück gehabt hast? Im Laufe eines Tages? Aufs Leben gesehen?

1132
Wie oft hast du ungeplant Spaß?

1133
Mit wem verbringst du am liebsten den ungeplanten Spaß?

1134
Verschiebst du Termine, wenn sich eine schöne Begegnung ergibt?

1135
Planst du Puffer für zufällige Freude ein?

1136
Wenn dich jemand fragt, welchen Schritt du als Nächstes gehen wirst, darfst du mit »ich weiß nicht« antworten?

1137
Wie oft fallen dir glückliche Zufälle auf?

Zufällig froh bleiben.

Schwimmen Endolphine durch dein Hirn?

1138
Bei welchen Aktivitäten erlebst du einen Zustand überwältigender Euphorie?

1139
Was bringt dich zum Schreien?
Zum Schwitzen?
Zum Weinen?
Zum Rennen?

1140
Wie trittsicher wandelst du auf dem schmalen Grat zwischen Ekstase und Katastrophe?

1141
Wann hast du zuletzt 10 von 10 Punkten auf der Gefühle-Skala erlebt?

1142
Hat es sich in dem Moment schön und später schal angefühlt oder wurde deine Lebensfreude nachhaltig gefüttert?

1143
Wo rauscht es am besten?

1144
Welches rauschende Fest willst du feiern?

1145
Wie hoch ist die Schwelle zu deiner Ektase?

1146
Wann vergisst du dich?
Beim Sex?
Beim Töpfern?
In der Arbeit?

1147
Hast du das Gefühl, ganz da zu sein, wenn du dich im Rausch auflöst oder bist du eher entfernt von dir selbst?

1148
Willst du, dass es niemals endet oder bist du irgendwann erschöpft?

Heute ein Bauchplatscher ins Glück!

Makel

Was gibts da zu mäkeln?

Bist du Fassade oder bittest du rein?

1149
Brauchst du eine Schutzmauer?

1150
Wem gewährst du Einblick in dein Innenleben?

1151
Wem bist du dein Innenleben schuldig?

1152
Kannst du unterscheiden, was du in dir behalten möchtest und was du mitteilen willst?

1153
Nach welchen Gesprächen bleibst du schutzlos zurück?

1154
Wann hast du zu viel erzählt? Was sind deine Befürchtungen?

1155
Was ist zu viel? Spürst du, wenn es zu viel ist?

1156
Welche inneren Prozesse dürfen erst mal in dir ruhen?

1157
Was denken andere über dich, wenn du dich verletzlich zeigst?

1158
Bietest du durch deine Verletzlichkeit auch Raum für die Verletzlichkeit deiner Mitmenschen?

1159
Wie fühlt sich deine Verletzlichkeit an?

1160
Wie manifestiert sie sich?

1161
Weißt du, wo du verletzlich bist?

1162
Bist du da auch am wärmsten?

1163
Wer darf sich an dir wärmen?

1164
Schützt deine Verletzlichkeit dich vor Verletzungen?

Da, wo du verletzlich bist, bist du auch am wärmsten.

Lässt du deine Neurosen erblühen?

1165
Über welche deiner Eigenarten kannst du schmunzeln?

1166
Traust du dich zu mögen, was du magst, auch wenn es nicht dem Zeitgeist entspricht?

1167
Magst du exzentrische Menschen?

1168
Halten andere dich für exzentrisch?

1169
Wann hast du dich zuletzt daneben benommen? Warst du nüchtern? Hat es dir Spaß gemacht?

1170
Überschreitest du mit Genuss die Grenzen des guten Geschmacks?

1171
Machst du dich manchmal lächerlich?

1172
Wie viel Zensur verpasst du dir?

1173
Hast du Freude am Ausbruch, an der Unkonformität?

1174
Sieht man dir das an?

1175
Unterscheidest du dich gerne von anderen?

1176
Worin unterscheidest du dich von allen anderen?

1177
Wann hast du aufgehört, dich zu schämen?

Nimmst du dem Makel die Scham, bist du unverschämt frei.

Wie gefühlst du dir?

1178
Bist du sensibel?

1179
Bist du sensibler geworden?

1180
Merkt man dir
deine Sensibilität an?

1181
Sind alle sensibel?

1182
Ist deine Sensibilität
Bürde oder Geschenk?

1183
Spürst du mehr als früher?
Ob etwas schön ist, gut riecht,
zu anstrengend ist?

1184
Reagierst du auf die gleichen
Reize stärker als früher?
Auf laute Musik?
Auf Berührung?

1185
Bist du eher sensibel für
die inneren Schwingungen oder
für Äußeres?

1186
Weißt du, was du fühlst?

1187
Fühlst du, was du fühlst?

1188
Kannst du darauf reagieren?

1189
Kannst du dich liebevoll
zurückziehen, wenn es dir
zu viel ist?

1190
Spürst du, wenn es Zeit ist,
reinzukommen?

1191
Spürst du, wenn es Zeit ist,
rauszugehen?

1192
Wer ist sensibler:
dein Geist oder dein Körper?

Willkommen bei den anonymen Gefühlikern.

SOFT

Was lässt dich strahlen?

1193
Erstrahlst du
im ganzen Spektrum
deiner Gefühle?

1194
Darf dein Strahlen Raum
einnehmen?

1195
Wer sieht dich gern strahlen?

1196
Wer strahlt mit dir –
und zwar nicht um die Wette?

1197
In wessen Gegenwart versuchst
du dein Strahlen zu verstecken?

1198
Warum?
Um der Person ein besseres
Gefühl zu geben?

1199
Wurde dir schon vorgehalten,
zu viel Platz einzunehmen?

1200
Stellst du mit deinem Strahlen
jemand anderen in den Schatten
oder erhellst du den Raum?

1201
Kannst du überhaupt jemanden
in den Schatten stellen?

1202
Wann hast du zuletzt richtig
gestrahlt?

1203
Wurde dir das gesagt oder
hast du es selbst bemerkt?

1204
Weißt du, was dich
zum Strahlen bringt?

Lass es strahlen.

Herz

Wie tarierst du dein Herz aus?

Darfst du zufrieden sein?

1205
Freust du dich über die Welt?
Über Blätter?
Über Enten?
Über Wolken?

1206
Freust du dich
auf der Welt zu sein?

1207
Wer oder was kann dir immer
wieder ein Lächeln entlocken?

1208
Hast du dich entschieden,
zufrieden zu sein?

1209
Hält dich noch etwas davon ab?
Was?

1210
Wie bringst du deinem Gehirn bei,
die Freude zu bemerken?

1211
Wie fühlt sich deine Freude an?
Glucksend?
Wie ein Streicheln?
Wie ein Leuchten?

1212
Über was freust du dich
immer wieder?

1213
Worauf freust du dich?
Heute?
Im nächsten Jahr?

1214
Kannst du freudvoll leben,
ohne naiv zu sein?

1215
Wie niederschwellig darfst du
dich freuen, ohne als verrückt
zu gelten?

1216
Was macht dir Spaß ohne
Sinn?

**Alles bleibt, wie es ist,
nur dass du dich jetzt freust.**

Hast du einen Platz gefunden?

1217
Wo hast du das Gefühl, dass du zählst?

1218
Wer gehört zu deiner Familie?

1219
Wen hast du eingeladen, zu deiner Familie zu gehören?

1220
Wen möchtest du nicht mehr missen?

1221
Welcher Mensch wird dich immer begleiten?

1222
Hast du einen Platz gefunden? Ein Zuhause?

1223
Suchst du dein Zuhause noch?

1224
Was wäre ein schöner Ort für dich?

1225
Wen würdest du mitnehmen?

1226
Welche Verantwortung übernimmst du gerne?

1227
Wen hättest du gerne wieder in deinem Leben?

1228
Wem vertraust du deine Geschichte an?

1229
Wo wirst du nicht beurteilt?

1230
Wo kannst du dich ausruhen?

1231
Wer kennt dich?

1232
Wer liebt dich?

1233
Wen liebst du?

1234
Wem hast du schon verziehen?
Deinen Eltern?
Expartner*innen?
Freund*innen?
Dir selbst?

Komm nach Hause.

Was wächst aus deinem Kern?

1235
Was macht dich aus?

1236
Was bleibt übrig, wenn das Streben nach Partnerschaft, nach Erfolg, nach Zerstreuung wegfällt?
Wer bist du dann?

1237
Hörst du deine innere Stimme?

1238
Wohin lenkt dich deine innere Stimme?

1239
Sehnst du dich nach deinem Kern?

1240
Hast du dir den Weg zum Kern erarbeitet?

1241
Wie oft musst du den Weg zum Kern freischaufeln, wenn Alltäglichkeiten und die Erwartungen deines Egos ihn zuschütten?

1242
Findest du zu deiner eigenen Zufriedenheit?
Unabhängig davon, was von außen erstrebenswert scheint?

1243
Entspricht dein Leben deinem Kern?

1244
Entspricht dein Lebenstempo dem Ticken deiner inneren Uhr?

1245
Wie zentrierst du dich?

1246
Wann bist du ganz ruhig?

1247
Welchen Rückzugsort hast du dir geschaffen?

1248
Was kann dir niemand mehr nehmen?

1249
Wie streichelst du deine Seele?

Mein Kern zentriert mich und ich halte meinen Kern.

Liebst du die Arbeit an der Liebe?

1250
An was arbeitest du am meisten?
An dir?
An deinem Körper?
An deinen Beziehungen?
An deiner Karriere?

1251
Was davon erfüllt dich am meisten?

1252
Was wird auf deinem Sterbebett rückblickend am wichtigsten gewesen sein?

1253
Auf welche Beziehungsarbeit bist du stolz?

1254
Welche Beziehung konntest du retten?

1255
Welche Arbeit gibt dir Mut?

1256
Welche Arbeit gibt dir Sinn?

1257
Welche Zusammenarbeit spendet dir Trost?

1258
Welche Aspekte deines Lebens haben sich in den letzten Jahren entschieden verbessert?

1259
Hast du bewusst an diesen Aspekten gearbeitet?

1260
Welche Fähigkeiten hast du dir erarbeitet?

1261
Was hast du in den letzten Jahren gelernt?

1262
Was möchtest du dir noch erarbeiten?

1263
Wer hilft dir dabei?

1264
Freust du dich darauf?

Es wird nie aufhören und das ist gut so.

**Wenn du dich nicht liebst,
ist alles, was du tust,
eine Suche nach der Berechtigung
da sein zu dürfen.**

**Wir lieben dich,
Joni und Birte**

Danke an die vielen Menschen, die uns auf unserer worklove-Reise begleitet haben. Vieles hat sich verändert – in unseren Freundschaften, in unseren Partnerschaften.

Eine der tiefgreifendsten Veränderungen erfuhr die Beziehung zu unseren Müttern – Sabine und Sabine. Wir möchten unseren Müttern danken – es ist wunderschön, wie sich in den letzten Jahren die Verbindung vertiefen konnte, alte Wunden geheilt wurden und wie wir uns heute mit einem großen Verständnis füreinander begegnen können. Wir lieben euch.

Ich (Birte) möchte meiner Schwester Lyn danken, die mir immer zur Seite steht (und ich ihr). Meinem Bruder Marc danke ich für seine ehrliche Begeisterung und Unterstützung. Danke an Aldo für seine Liebe und Unkonventionalität und dafür, dass er mich an meine Freiheit erinnert hat. Ich danke Pützi für die Zuversicht und kulinarische Verpflegung. Lucie, Antonio und Thilo danke ich für die schöne Zeit in einer schönen Stadt. Meine tiefste Dankbarkeit gehört jedoch meiner treuen Weggefährtin Joni. Auf dass wir aneinander emporklettern konnten, auf sie als wundervollen Menschen und auf unsere Frauenfreundschaft. Und, danke, Leben!

Ich (Joni) danke Papa und Date, Don und Beate, für die Sicherheit. Danke Philipp für die schonungslose Liebe und die Leidenschaft. Ich danke Helen und Rita für Liebe, die einfach ist. Danke an Lis für Emanzipation und Henning für den traurig-schönen Gedanken. Danke Tina für die tiefe Verbindung. Danke Caro für Vertrauen und Beständigkeit. Und das größte Danke an Birte, meine Weggefährtin. Die mir einmal gesagt, und jeden Tag gezeigt hat, dass ich mir keine Mühe geben muss. Wir hatten die beste schlimme Zeit unseres Lebens zusammen. Jetzt kommt die Liebe. Und dann geht alles wieder von vorne los und wir haben uns dafür gegenseitig den Werkzeugkasten des Lebens gut bestückt.

Wir danken Eric für sein Strahlen, für die leichtfüßigen Tanztage und die schönste Arbeitsatmosphäre in unserem Atelier.

Und danke Bertram und Karin, dass ihr unsere Arbeit materialisiert und für den fruchtbaren Austausch. Danke Karin für das Gespräch, nach dem wir nie wieder den Kopf schief gelegt haben.

worklove ist das Ergebnis eines über vier Jahre geführten Dialogs zwischen uns, Birte und Joni. Im gemeinsamen Atelier haben wir uns, zwischen Aufträgen und über unsere Schreibtische hinweg, täglich ausgetauscht. Über unsere Arbeit als freischaffende Gestalterinnen, über unsere Unzufriedenheit und Unsicherheiten – über das Leben. Warum lieben wir, was wir tun? Aber nicht, wie wir es tun?

Wir beschlossen, diesen Gedanken mehr Raum zu geben und trafen uns wöchentlich auch ausserhalb des Ateliers, um uns gegenseitig die großen Fragen des Lebens zu stellen. Wir wollten uns, unsere Arbeit und das Leben überhaupt besser verstehen. Das Denkduo war geboren. *worklove* hatte kein Ziel, keinen Plan und hat sich ganz frei angefühlt. Ein Gefühl, dass wir im Alltag schmerzlich vermisst haben. Unsere einzige Regel »alles kann, nichts muss« galt vom ersten Treffen bis zur finalen Druckabgabe.

Wir haben die *worklove*-Abende sorgfältig dokumentiert; die Gedanken und Gefühle wurden auf hunderten von losen Zetteln notiert, gesammelt und sortiert. Nach anfänglich reiner Denkarbeit war plötzlich die Lust da, gemeinsam neue Gestaltungsebenen zu erforschen. Wir erlaubten uns, fühlend zu gestalten, statt wie sonst einem strengen Layout zu folgen oder konkrete Ideen darzustellen. Fühlt sich ein Gedanke schwer an oder schleimig? Weit oder drückend? Wir nannten diese Art zu arbeiten »gefühlen«. Das haptische Erlebnis des Schneidens der großen Scherenschnittplakate und die Visualisierung des Gefühls hat unsere Denkarbeit ergänzt und *worklove* zu einem freudvollen Erlebnis mit allen Sinnen werden lassen.

Dass daraus ein Buch werden könnte, wurde uns erst im vierten Jahr der Zusammenarbeit klar. *worklove* ist ganz langsam, ohne Erwartungen gewachsen und in absoluter Teamarbeit entstanden. Weder bei den Scherenschnitten, noch beim Schreiben der Texte, könnten wir sagen, wer was gesagt oder gedacht hat. Jede Idee wurde von der Anderen nochmal aufgegriffen, ergänzt, geformt und zurückgegeben. Wir haben erleben dürfen, wie das eigene Ego hinter einer Zusammenarbeit verschwinden kann.

Sich den schmerzhaft-schönen Fragen zu stellen, die intuitiv spielerische Art zu gestalten und ganz in der Teamarbeit aufzugehen, war heilsam für uns. Für unsere Beziehungen im Leben und für unsere Beziehung zur Arbeit. *worklove* war ein Projekt. Jetzt sind wir *worklove*, ein Künstlerinnenduo. Wir werden auch in Zukunft zusammen denken, gefühlen, kreieren.

Wenn du Lust auf eine Zusammenarbeit hast oder dich austauschen möchtest, kannst du uns gerne schreiben: **mail@worklove.de**

Birte Spreuer wurde Mitte der 80er in Neunkirchen geboren. Diverse Studiengänge verschlugen sie nach Saarbrücken, der finale Studiengang, Kommunikatiosdesign, führte ins *worklove*-Atelier. Zwischendurch rief die Abenteuerlust sie in die Ferne; gleichzeitig wollte die Vernunft Programmieren lernen. Beides realisierte sie in Amsterdam.

Sie arbeitet als freie Autorin und Grafikerin. Ihr Themenschwerpunkt ist das weite Feld der Liebe. Sie dokumentiert Gesagtes und verschriftlicht und visualisiert Erlebnisse und Momente ihrer Umwelt. Aus ihren Recherchen erarbeitet Birte Spreuer Geschichten – es entstehen Bücher, großflächige Wortinstallationen und Poster. Mit Co-Autorin Daniela Spinelli schreibt und gestaltet sie seit sieben Jahren den Notizkalender *was wir lieben: in 365 Tagen*.

Joni Majer wurde 1985 in Berlin geboren, wollte dort aber nicht bleiben, sondern ihr Leben in Frankreich leben. Da sie dort keine Kunsthochschule angenommen hat, fand sie ein Zuhause in der französischsten aller deutschen Städte, Saarbrücken. Dort hat sie Kommunikationsdesign studiert, eine Familie gegründet und ein Atelier bezogen.

Sie zeichnet poetisch-surreale Illustrationen für Zeitungen und Magazine und denkt mit Birte über das Leben nach. Nachdem sie ihren reduzierten Stil über die Jahre perfektioniert hat, löst sie sich wieder von ihm und öffnet sich dank *worklove* anderen Materialien, Farben und Gedanken.

Idee, Satz + Gestaltung:
Joni Majer, Birte Spreuer

Lektorat:
Karin Schmidt-Friderichs

Korrektorat:
Sandra Mandl

Verwendete Schriften:
Maple, processtypefoundry.com

Papier:
115 g/m² Magno Volume

Gesamtherstellung:
Gutenberg-Beuys, Langenhagen

Stay tuned!
Alle zwei bis vier Wochen versenden wir Newsletter, in denen wir über aktuelle Neuerscheinungen, Veranstaltungen und Aktionen informieren.
Abonnieren auf www.verlag-hermann-schmidt.de

verlag hermann schmidt

Gonsenheimer Straße 56
55126 Mainz
Tel. 06131/50 60 0
Fax 06131/50 60 80
info@verlag-hermann-schmidt.de
facebook: Verlag Hermann Schmidt
twitter/instagram: VerlagHSchmidt

ISBN 978-3-87439-959-3
Printed in Germany with Love.

Wir übernehmen Verantwortung.
Nicht nur für Inhalt und Gestaltung, sondern auch für die Herstellung.
Das Papier für dieses Buch stammt aus sozial, wirtschaftlich und ökologisch nachhaltig bewirtschafteten Wäldern und entspricht deshalb den Standards der Kategorie »FSC Mix«.

Die Druckerei ist FSC- und PEFC-zertifiziert. FSC (Forest Stewardship Council) und PEFC (Programme for the Endorsement of Forest Certification Schemes) sind Organisationen, die sich weltweit für eine umweltgerechte, sozialverträgliche und ökonomisch tragfähige Nutzung der Wälder einsetzen, Standards für nachhaltige Waldwirtschaft sichern und regelmäßig deren Einhaltung überprüfen. Durch die Zertifizierung ist sichergestellt, dass kein illegal geschlagenes Holz aus dem Regenwald verwendet wird, Wäldern nur so viel Holz entnommen wird, wie natürlich nachwächst, und hierbei klare ökologische und soziale Grundanforderungen eingehalten werden.

Die Zukunft sollte man nicht vorhersehen wollen, sondern möglich machen.
Antoine de Saint-Exupéry

Bücher haben feste Preise!
In Deutschland hat der Gesetzgeber zum Schutz der kulturellen Vielfalt und eines flächendeckenden Buchhandelsangebotes ein Gesetz zur Buchpreisbindung erlassen. Damit haben Sie die Garantie, dass Sie dieses und andere Bücher überall zum selben Preis bekommen: Bei Ihrem engagierten Buchhändler vor Ort, im Internet, beim Verlag. Sie haben die Wahl. Und die Sicherheit. Und ein Buchhandelsangebot, um das uns viele Länder beneiden.